电子竞技竞赛规则与裁判指南

国家体育总局体育信息中心　审定

人民体育出版社

图书在版编目（CIP）数据

电子竞技竞赛规则与裁判指南 / 国家体育总局体育信息中心审定. -- 北京：人民体育出版社，2023
ISBN 978-7-5009-6358-5

Ⅰ.①电… Ⅱ.①国… Ⅲ.①电子游戏—运动竞赛—竞赛规则—指南②电子游戏—运动竞赛—裁判员—指南 Ⅳ.① G898.3-62

中国国家版本馆 CIP 数据核字 (2023) 第 162803 号

*

人民体育出版社出版发行
北京中科印刷有限公司印刷
新 华 书 店 经 销

*

880×1230　32 开本　6.25 印张　172 千字
2023 年 9 月第 1 版　2023 年 9 月第 1 次印刷

*

ISBN 978-7-5009-6358-5

定价：35.00 元

社址：北京市东城区体育馆路 8 号（天坛公园东门）
电话：67151482（发行部）　　邮编：100061
传真：67151483　　　　　　　邮购：67118491
网址：www.psphpress.com

（购买本社图书，如遇有缺损页可与邮购部联系）

编委会

主　　任：李业武
副 主 任：李桂华　张玉萍　孟亚峥
委　　员：岳　岩　高轶凡

编写组

主　　编：石　翔
编写人员：杨　瑞　王　琰　左子扬
　　　　　曹珺萌　罗霄恒　蒋志鹏

前 言
FOREWORD

　　自 2003 年被认定为第 99 个体育项目，电子竞技运动在国内经历了一系列的发展与变革。二十余年来，这项运动在国内积累了数量庞大的受众，部分主流项目成绩也在国际前列。电子竞技运动随着发展过程中的不断演进，逐渐形成了满足自身需要的一套规则体系，参与其中的运动员、教练员和裁判员，相互之间的关系更加明晰，在比赛中的职责分工也更为明确。

　　以杭州亚运会为契机，编制一套在全国范围内行之有效的电竞规则，是中国电子竞技发展进程中必要的一项工作。为此，《电子竞技竞赛规则与裁判指南》以国家体育总局体育信息中心制定的管理文件为核心框架和指导依据，整理适配的相关规范作为指导思想，以杭州 2022 年亚运会上的 7 个正式项目为主要范例，组织有关人员编制而成，是竞赛工作的主要依据和指南。本书适用于由国家体育总局举办的电子竞技赛事，其他在国内举办的各级赛事可参照执行。

　　特别感谢滕林季、林雨新、高璐、潘逸斌、朱伯丞、李托、许卓、邱扬等专家对本次编纂工作的支持。

　　本书为电子竞技项目规则国内领域首次制定，如有任何问题，欢迎批评指正。

编　者
2023 年 8 月

目 录
CONTENTS

第一部分　电子竞技竞赛规则 ··· 001

1　运动员和队伍官员 ··· 003
 1.1　运动员 ··· 003
 1.2　替补运动员和替补程序 ··· 005
 1.3　队伍官员 ·· 006

2　技术官员 ·· 007
 2.1　技术官员资格 ··· 007
 2.2　技术台和辅助技术员 ··· 010

3　比赛进行流程 ··· 012
 3.1　比赛环节 ··· 012
 3.2　比赛开始 ··· 013
 3.3　比赛暂停 ··· 013
 3.4　比赛自然结束和停止 ··· 015
 3.5　比赛非法进行 ··· 016

4　犯规、违例和对应的处罚 ·· 016
 4.1　罚则 ··· 016
 4.2　犯规与违例 ··· 017
 4.3　相应处罚 ··· 018
 4.4　违例、犯规及相应处罚 ·· 021

5　申诉和仲裁 ·· 027
 5.1　赛前申诉 ··· 027
 5.2　赛中申诉 ··· 027
 5.3　赛后申诉 ··· 028

6 比赛场地 ·· 029
6.1 场地条件 ·· 029
6.2 场地区域 ·· 030
6.3 对战席规格 ·· 031
6.4 场地规范 ·· 031

7 器材 ·· 032
7.1 比赛设备 ·· 032
7.2 运动员装备 ·· 035
7.3 技术台装备 ·· 039
7.4 比赛器材管理 ·· 040

8 赛事服装规格 ·· 041
8.1 运动员服装 ·· 041
8.2 裁判员服装 ·· 042

附录一 电子竞技竞赛标准用语规范细则 ································· 043
附录二 比赛设备、装备技术规格 ·· 060
附录三 杭州 2022 年亚运会电子竞技项目单项规则 ··················· 072
  王者荣耀亚运版本单项规则 ··· 075
  FIFA Online 4 单项规则 ··· 086
  街霸 V 单项规则 ·· 096
  英雄联盟单项规则 ·· 101
  梦三国 2 单项规则 ··· 114
  和平精英亚运版本单项规则 ··· 120
  刀塔单项规则 ·· 135

第二部分 电子竞技裁判指南 ·· 143

1 裁判执法通则 ··· 145
1.1 规则精神 ·· 145
1.2 裁判员形象 ·· 145
1.3 裁判员权限 ·· 145
1.4 裁判员判罚的原则 ··· 146

目 录

- 2 技术官员分工和程序 ·· 146
  - 2.1 技术官员资格 ··· 146
  - 2.2 技术台和辅助技术员 ··· 150
  - 2.3 赛前程序 ·· 153
  - 2.4 赛中程序 ·· 155
  - 2.5 赛后程序 ·· 156
  - 2.6 线上执裁 ·· 156
- 3 裁判员的沟通 ··· 156
  - 3.1 电子竞技赛事场景常用术语 ································· 156
  - 3.2 裁判位置 ·· 157
  - 3.3 与运动员沟通 ··· 158
  - 3.4 与技术员沟通 ··· 158
  - 3.5 裁判员口令和手势 ·· 159
- 4 紧急事件处理 ··· 161
  - 4.1 短时间内可恢复比赛的事件 ································· 161
  - 4.2 短时间内无法恢复比赛的事件 ······························ 164
  - 4.3 应急医疗 ·· 165
- 5 犯规、违例和对应的处罚 ·· 165
  - 5.1 罚则 ··· 165
  - 5.2 犯规与违例 ·· 167
  - 5.3 相应处罚 ·· 167
  - 5.4 犯规、违例及相应处罚 ······································ 172
  - 5.5 同时犯规与累计犯规 ··· 180
- 6 申诉和仲裁 ·· 180
- 7 执法指南 ··· 181
  - 7.1 赛后报告 ·· 181
  - 7.2 技术官员的工作流程 ··· 181

PART 01　第一部分
电子竞技竞赛规则

第一部分　电子竞技竞赛规则

1　运动员和队伍官员

1.1　运动员

1.1.1　运动员资格

运动员指直接参加电子竞技比赛的场上人员。运动员资格应当由赛事组织方确认，并提供必要的信息以供核查真实性。仅有当裁判员核查通过后的运动员，其资格才是合规有效的。裁判员有权对运动员资格提出质疑或要求提交补充证明。

运动员资格包括以下条件：

- 年满 18 周岁。
- 经医务部门检查证明身体健康。
- 符合相关运动员注册与交流规定。
- 符合各项目竞赛规程和竞赛规则有关规定。

在一场比赛中，同一名运动员仅能代表同一个参赛方进行比赛，不得再代表其他任何参赛方参赛，否则应当视为运动员身份无效。

1.1.2　运动员人数

单人项目中，每方仅有 1 名运动员参赛。若该名运动员无法参赛，则比赛不得开始或继续。当运动员无法参加比赛时，直接宣判对方胜利。

团体项目中，每方会有多名运动员参赛。不同项目所规定的场上运动员和替补运动员人数不同，应以各项目单项规则所述一般规定参赛人数为准。当场上运动员人数低于规定人数时，比赛不得开始或继续，且应当尽快补齐规定的运动员人数，否则将被视作"持续低于规定人数"。替补运动员人数应当以赛事组织方规定的替补人数为准。

当一方运动员未经裁判员同意擅自离开比赛场地，或因为犯规、违例，导致该方场上运动员人数持续低于规定人数时：

- 若比赛正在进行中，且该方并未因此获利时，比赛继续。

- 若比赛正在进行中，且该方因此获利时，比赛应暂停，该方本场判负。

- 若比赛未在进行中，比赛不得开始或继续，该方本场判负。

因比赛环境、外部干扰等客观原因，导致该方场上运动员人数低于规定人数时：

- 若比赛正在进行中，比赛应暂停直至人数符合规定；若人数持续低于规定人数时，该方本场判负。

- 若比赛未在进行中，比赛不得开始或继续，直到完成了换人替补程序；当无法完成换人替补程序时，运动员人数仍然不足的，该方本场判负。

1.1.3 首发运动员

团体项目中，首发运动员指第一场比赛开始时在场上进行竞技活动的运动员。

在运动员名单中，首发运动员应当被明确标注，以便裁判员核查首发运动员的报名姓名、缩写姓名和座次等信息。

未经裁判员允许，禁止擅自登场取代首发运动员，否则应当视为运动员身份无效，本局判负。

1.1.4 队长

团体项目中，首发运动员中应当有 1 名运动员为队长，并在运动员名单中明确标注。

在队伍官员无法担任相关职能时，队长有权力提出换人申请、提出赛前、赛中申诉。队长的其他附加权力，由各项目单项规则规定。

队长有义务：

- 比赛中组织队伍的秩序。

- 在没有队伍官员时，行使队伍官员的必要职能（如签字确认赛果）。

- 为队伍内所有运动员的集体行为负责。

更换队长需要提前告知裁判员，取得裁判员同意后，在裁判员指定的时间起开始生效。当场上队长被替换下场时，应当由队伍官员或该名队长指定换人替补程序完成后的新队长人选。

1.2 替补运动员和替补程序

1.2.1 替补运动员

团体项目中，替补运动员指的是首发运动员之外的其他具有合规运动员身份的人员。替补运动员仅能通过换人替补程序上场，未完成换人替补程序的运动员应当留在替补席或休息室中，未经裁判员许可不得前往其他任何比赛区域。

替补运动员和被替换下场的运动员也是运动员的一部分，裁判员同样有权力对替补运动员进行管理和执行处罚。

1.2.2 换人替补程序

换人申请必须由队长或队伍官员书面提交给裁判员。主动换人申请必须在上一局比赛开始直至上一局比赛结束后的 5 分钟内，提交下一局的换人名单，并于双方换人时间结束后，由裁判员统一通知参赛双方。换人必须发生在非比赛进行中。其他人员或在其他时间提交的申请都是无效的。

替补运动员替换场上运动员的程序如下：

- 将申请告知裁判员，裁判员审核申请，并等待至该局比赛结束。

- 被替换的运动员收到裁判员给出的换人信息后，需立即退出比赛账号，且有 3 分钟时间整理并撤除自带的比赛装备。

- 被替换的运动员需听从裁判员指令，在指定时间和指定路径离开对战席，且仅能直接前往替补席或休息室；未经新的换人替补程序，不得重新返回对战席和比赛中。

- 替补运动员收到裁判员给出的换人信息后，需立即前往裁判员处并核验身份。

- 替补运动员需听从裁判员指令，在指定时间和指定路径进入对战席，替补程序完成。

换人替补程序仅在一局比赛结束后可以被执行。

如果一名替补运动员未经裁判员许可（无论是否已经提出申请）擅自进入对战席取代首发运动员，应当对该替补运动员处以警告及以上的处罚。换人时间为 3 分钟，超过 3 分钟后，裁判员有权对替补和被替补运动员处以警告及以上的处罚。替补运动员需要在规定的比赛时间开始前完成设备的调试和账号的登录。

每个参赛方允许换人的次数和名额遵照赛事组委会技术手册。

1.2.3 运动员离开比赛

运动员仅在通过替补程序时或获得裁判员许可时才能离开比赛（包括退出比赛账号、退出正在进行的游戏和离开对战席/比赛场地）。

未经裁判员许可时，运动员主动离开比赛应当被处以警告，计入个人处罚。但当运动员因为环境、设备、网络、外部因素等客观原因被动离开比赛时，以及运动员因为自身原因在获得裁判员许可后离开比赛且未明显影响比赛正常进行时，该运动员不应被执行个人处罚。

若因为运动员离开比赛造成了场上队伍人数不足时，按照持续低于规定人数处理。

1.3 队伍官员

1.3.1 身份合规

经过赛事组织方确认的，除了运动员以外的其他参赛方官方人员被称为队伍官员。队伍官员包括但不限于教练员、领队、随队翻译员、队医、科研人员等。未经赛事组织方注册确认的人员，无论在参赛方中担任何种职务，一律视作场外人员。

在一次赛事中，同一名队伍官员仅能代表同一个参赛方进行活动，不得再代表其他任何参赛方，否则应当视为队伍官员身份无效。

当负责场外指导的队伍官员无法履行职能时，应当告知裁判员。在裁判员同意后，由另一名赛事组织方注册名单中的人员临时行使其职能。

1.3.2 教练员

教练员适用于队伍官员相关的规则。在规则和裁判员允许的时间段内，教练员可以进入对战席，但当相应时间段结束时，教练员需立即离开对战席。

教练员的职能包括：

- 向裁判员举报他人违规或违例。
- 确认比赛成绩。
- 提出抗议或申诉。
- 进行场外指导：参与选择和禁用环节。

教练员的附加规则由各项目单项规则进行补充。

1.3.3 其他队伍官员

其他队伍官员需在裁判员允许时方可进入对战席，但其活动必须遵守以下所有原则，否则裁判员有权拒绝其履行职能：

- 听从裁判员指令。
- 仅能进行裁判员认为必要的活动。
- 不得改变既有的比赛进程。

2 技术官员

2.1 技术官员资格

技术官员包括技术代表、裁判员和经技术代表认可的，服务于比赛过程的岗位。

2.1.1 技术代表

技术代表是所有裁判工作的总负责人。技术代表应与大会组委会共同保证全部比赛的技术性安排完全符合电子竞技竞赛规则的规定。技术代表通常在技术台督导。

2.1.2 裁判员

2.1.2.1 主裁判

主裁判具有本场比赛现场最高的判罚权力。一场比赛仅能有 1 名主裁判。主裁判通常位于技术台。

2.1.2.2 副裁判

副裁判具有本场比赛现场判罚的权力。一场比赛每个参赛方都应该匹配 1 名副裁判。副裁判通常位于对战席两侧及后侧。

2.1.2.3 助理裁判

助理裁判不具备判罚权力。

2.1.3 裁判员权力

裁判员的权力从检录准备时就开始生效,直到该场比赛被宣布完全结束。

主裁判、副裁判、助理裁判各自的权力如表 1 所示。

表1 主、副、助理裁判权力

裁判员权力	主裁判	副裁判	助理裁判
执行竞赛规则	有权	有权	有权
记录比赛	有权	有权	有权
作出判罚	有权	有权	
决定人员进出	有权	有权	
决定比赛进行	有权		
解除技术台的权限	有权		

裁判员应当在规则所定义的范围内严格执法，并提供最恰当的判罚结果。裁判员作出的判罚应当仅参考以下信息：

- 裁判员亲自确认的已经发生的事实。
- 电子竞技竞赛规则和规则精神。
- 其他技术官员提供的意见。

当多名裁判员的意见发生分歧时，由主裁判作出最终的判罚。但无论如何，裁判员的判罚不能使违反规则的参赛方因为该判罚而获得利益。

裁判员无须对以下情况承担责任：

- 运动员、队伍官员或其他人员的健康问题。
- 任何形式的财产损失。
- 因为按照电子竞技竞赛规则和规则精神而作出的判罚，导致任何个人、参赛方、公司或其他各类机构任何形式的损失。

2.1.4　变更判罚

当任意一名具有判罚权力的裁判员作出判罚后，该判罚是当场生效的。仅有同时符合以下情况才允许主裁判修改判罚：

- 比赛未进行。
- 基于事实的确认，判罚出现了明显的误判或漏判。

当判罚生效且比赛已经遵循该判罚重新恢复进行时，不应当再次修改判罚，除非：

- 修改判罚会导致一局比赛、一场比赛的结果发生变更。

当判罚生效且比赛已经全部结束（即赛果已确认）时，不应当再次修改判罚。判罚的变更都应当写入裁判员赛后报告中。

2.1.5　更换裁判员

当任何一名裁判员无法继续履行职责时，可以更换裁判员，比赛进行中出现需要更换裁判员的情况，应先暂停比赛，并以下列方式执行：

更换主裁判应从替补主裁判中选一人担任。更换副裁判可以由主裁判临时代任，或从其他副裁判中选调。

更换裁判员的程序如下：

- 技术代表宣布需更换裁判员。
- 由临时代任的人员立即接替需更换裁判员的职责。
- 如果需要更换为替补的裁判员，则需代任人员行使相关权力直至替补的裁判开始行使权力为止。

2.2 技术台和辅助技术员

2.2.1 技术台

技术台是比赛场地的一部分，为裁判员提供比赛信息、技术保障、沟通协助和计时记分协助。

除了裁判员外，技术台上还应该有其他若干名辅助技术员，包括至少1名回放员、1名IT技术员和1名记录员。此外，还可以选配1名技术台监督进行辅助。1名技术员在有能力兼顾多个岗位时，可以兼任多个技术员职能。

未经裁判员许可，任何运动员、队伍官员禁止进入技术台区域，否则被警告。任何比赛无关人员始终禁止进入技术台区域，否则被驱离。

2.2.2 辅助技术员

回放员、IT技术员、记录员、技术台监督都应当听从裁判员指令，并协助履行裁判员的职责。技术台没有作出判罚的权力，但需要如实提供和传达信息辅助裁判员作出判罚。

2.2.2.1 回放员

回放员应当掌握即时回放技术，当裁判员需要查看回放时，负责将比赛中的任何进程片段进行调取并提供给裁判员。回放员具备以下职责：

- 在裁判员要求时，调取比赛回放或视频回放。

- 观察比赛进程，提供裁判员可能忽视的判罚信息。

2.2.2.2 IT 技术员

IT 技术员负责监控和保障比赛设备、网络环境、电气环境、客户端、竞赛相关软件的稳定性。当裁判员需要获得设备、环境、软件信息时，IT 技术员负责将相关信息进行调取并提供给裁判员。IT 技术员具备以下职责：

- 参与并协助裁判员进行设备和运动员装备检查。
- 监控竞赛相关软件、硬件、环境、客户端、服务器的稳定性。
- 当发生故障时，协助裁判员恢复比赛设备，并向裁判员提供故障严重性判断建议。

2.2.2.3 记录员

记录员负责全程记录比赛时间和次数等内容，并提供相关信息，以协助裁判员监管比赛流程和作出判罚。记录员具备以下职责：

- 记录竞赛规则中所明确提及的时间。
- 记录比赛暂停的时间和暂停用时时长。
- 记录比赛停止的时间。
- 当裁判员给出一个时间指令时，记录该时间和对应的用时时长。
- 记录裁判员作出判罚的时间点。
- 在计时或倒计时快结束前给出示意。
- 在计时或倒计时结束时给出示意。
- 记录比赛得分和赛果。
- 记录运动员和队伍官员的被警告、处罚次数。
- 填写比赛记录表。

2.2.2.4 技术台监督

技术台监督不是技术台必须配备的人员。在裁判员和回放员无法全面监控比赛，信息容易出现明显遗漏的时候，或是现场裁判员离技术台非常远的时候，建议配备技术台监督。

技术台监督负责协助裁判员和技术台所有技术员，观察、监看、监听比赛进程，并为裁判员和技术台提供可能忽视的判罚信息，保障团队沟通更高效。

2.2.3 更换技术员

当技术员不能履行其职责时，应当由赛事组委会委派其他具有资质的人员在裁判员同意后代为履行其职责。更换技术员不需要暂停比赛。

3 比赛进行流程

3.1 比赛环节

一场比赛应当包括多个阶段，具体内容如表 2 所示。

表 2 比赛不同阶段的主要活动

阶段		主要活动
赛前	检录检查阶段	检录运动员身份，检查服饰，挑选比赛装备，检查设备
	选边阶段	（部分项目）执行选边程序
	赛前调试阶段	连接比赛装备，确认客户端版本和区服，登入账号，测试并调整客户端设置，直至运动员确认准备就绪或者所有准备时间消耗殆尽
赛时	比赛开始	当所有运动员准备就绪，裁判员操作客户端开始比赛
	禁用和选择阶段	（部分项目）执行禁用和选择程序，且禁用和选择阶段（简称"BP"）不计入比赛时间
	比赛进行阶段	比赛开始或恢复进行
	比赛暂停阶段	①局间中场休息，运动员离开比赛席，运动员临时休息，返回比赛席 ②一局比赛中的暂停，争议处置，故障处置
赛后	赛后阶段	比赛自然结束或比赛停止，比赛结果确认

3.2 比赛开始

仅有主裁判有权宣布比赛开始，比赛开始后被视作比赛处于进行阶段。

比赛开始前，必须完成检录检查阶段、选边阶段（部分项目）、赛前调试阶段相关内容。如果未完成相应阶段比赛就被宣布开始，应当立即停止，并在补完相关阶段后重新开始。

比赛暂停（包括局间休息）之后比赛再次开始被称为比赛恢复进行（包括下一局比赛开赛）。仅有主裁判有权宣布比赛恢复进行，比赛恢复进行后被视作比赛处于进行阶段。

比赛恢复进行前，裁判员需确认是否发生了人员、设备、装备的变更。如果有任何未经裁判员许可的变更，比赛应当立即暂停或停止，确保变更的内容完成规定程序后方可恢复进行。

3.3 比赛暂停

除了中场休息外，比赛处在进行阶段时，因主裁判的指令需要临时停止竞赛活动，被称为比赛暂停。比赛暂停之后主裁判必须作出比赛恢复进行或比赛停止的指令。

只有主裁判具有比赛暂停的权力，其他裁判员和技术员可以给主裁判提供信息和建议，但不得未经主裁判同意直接判定暂停比赛。主裁判有权在任何时间，自主决定游戏暂停或者控制运动员暂停。

参赛方运动员、队伍官员具有暂停申请权力。当比赛进行中，运动员如发现网络波动或者其他问题，可向裁判员提出暂停申请，同时应双手做出"T"形表示，运动员在申请暂停时不得离开座位。主裁判有权批准、延时批准、驳回运动员和队伍官员的暂停申请，在主裁判批准申请前，比赛仍应当处在进行阶段。经裁判员核实后，不符合暂停申请条件的，视为擅自暂停游戏或使用欺骗手段致使比赛进入中止，裁判员将驳回运动员的暂停申请，同时作出判罚。

优先暂停是运动员在紧急情况下使用的权利。当运动员因为下列情况申请暂停时，可按下暂停命令，同时做出"T"形手势，而后再与裁判员确认相关情况。

- 对抗期间的比赛设备、运动员装备失灵。
- 对抗期间网络波动影响严重。
- 紧急情况。
- 其他单项规则规定裁判员须立即暂停比赛的情形。

对于客户端内不具备暂停功能的项目，应当在单项规则中作出额外的说明，并取代本条的部分表述。

3.3.1 中场休息

中场休息指一场比赛中各局比赛之间的间隔期，如果一场比赛中只有一局比赛（即 Bo1），则没有中场休息。运动员享有中场休息的权力，比赛中场休息不得超过 10 分钟。

中场休息应被视作"比赛暂停"的状态。

在中场休息期间，运动员在得到裁判员许可后可以临时离开对战席，但不允许其他任何人员在未经裁判员许可的时候进入对战席，也不允许未经换人替补程序就对运动员进行更换。

一局比赛未完成时，即使比赛未进行，也不应当视作中场休息，除非该局比赛一方被判胜或判负；运动员也不得离开对战席。

在中场休息时间结束时，运动员必须返回对战席，且完成对设备装备的调试。

如果中场休息期间发生了运动员更替，裁判员有权延长中场休息时间以供检录、检查和调试准备。

3.3.2 个人责任暂停

运动员和队伍官员应当：

- 对自己的服装合规负责。
- 对自己的装备有效性负责。
- 对自己的比赛账号内设置正确性负责。
- 对自己的行为负责。

因运动员的装备故障、运动员装备或服装违规、运动员或队伍官员行为违规等个人因素导致比赛无法进行的，主裁判有权选择是否暂停比赛；如比赛暂停，则应直到符合规定或处理完行为违规后方可恢复比赛。

当比赛因为上述情况持续无法恢复进行时，裁判员应当认为该参赛方人员不符合比赛规定并本局判负，且要求其立即整改。消极配合整改的，裁判员有权对其警告。

3.3.3 外部干扰暂停

当任何非参赛的一方干扰比赛，导致影响比赛正常进行时，裁判员应当根据干扰的严重程度决定继续、暂停、停止比赛，并可决定是否消除其影响。

如果干扰是轻微的，且没有对比赛造成直接影响，则裁判员应当使比赛继续，并尽快消除干扰。

3.3.4 紧急状况

当发生以下情况之一时，主裁判可以随时暂停或停止比赛。

- 比赛场馆场地遭受严重破坏。
- 战争、大型自然灾害或高风险传染病。
- 任何一人的生命安全受到威胁。
- 比赛秩序大规模失控。

3.4 比赛自然结束和停止

如果比赛在自然的对抗进程中决出结果，被称为比赛自然结束。如果比赛是由主裁判宣布结束的，被称为比赛停止。比赛自然结束后，当前的比赛结果被称为比赛赛果。

比赛停止后，当前的比赛结果应由主裁判裁定。

3.5 比赛非法进行

3.5.1 擅自暂停 / 开始

未经主裁判许可的一切比赛开始、比赛暂停、比赛恢复进行形式均被视为擅自暂停 / 开始。如果暂停时有需要处置的情况（如故障或违规），则应当予以处置后再恢复比赛；如果没有需要处置的情况，则比赛应当直接恢复进行。

擅自暂停 / 开始包括以下场景：

- 运动员、队伍官员擅自暂停 / 开始比赛，应当对该人员处以警告及以上的处罚，直至本场比赛判负。
- 主裁判不符合竞赛规则授权的比赛暂停或比赛开始，应当订正为正确的指令。

擅自开始 / 恢复进行的比赛所有记录都是非法且无效的。

3.5.2 失去监管

如果满足下述任意一种条件时，应当认定为裁判员失去对比赛的掌控，由技术代表决定是否暂停比赛。

- 主裁判、副裁判同时无法履行职责。
- 技术台无法给予裁判员足够的信息以供监管全场比赛。

因裁判员原因暂停比赛的，需要执行裁判员或裁判员装备更换程序，直到所有裁判员已经能正常履行职责后，比赛应当恢复进行。如果裁判员认为该状况导致比赛进程的明显变更，或该项目不支持暂停，应当在比赛重新开始前消除影响。

4 犯规、违例和对应的处罚

4.1 罚则

4.1.1 裁判员权力范围

裁判员从进入比赛场地直至比赛完全结束，向技术代表提交比赛结果，并离开场地，均为行使权力范围。

裁判员的判罚仅限比赛场地内发生的活动。涉及需要追加处罚（如追加禁赛）或解除处罚（如恢复某位运动员的获奖资格），应当由技术代表或者赛时仲裁委员会进行规定。

4.1.2 判罚生效期和有效期

裁判员的判罚是立即生效的。在判罚按程序变更后，变更后的判罚结果同样立即生效。

无法修改的判罚有效期是无限的，包括错判、误判和漏判。在比赛自然结束或比赛停止之前，裁判员的任何判决都不得被参赛方质疑，裁判员也无须解释判罚的详情。

4.1.3 裁判员判罚原则

在犯规或违例出现时，裁判员有判罚权。在比赛进行中，根据比赛实际情况，裁判员应果断进行判决。在执行规则时，裁判员在保持执裁公正的前提下，应尽可能保障比赛正常顺利进行。因违反规则、遇意外情况、观众或外界人员干扰及其他原因影响比赛进行时，裁判员有权暂停、推迟或终止比赛。

4.2 犯规与违例

4.2.1 犯规

犯规指运动员或队伍官员通过侵犯他人利益而违反竞赛规则的行为，其影响了多个参赛方的正常竞技。

如果比赛进行中发生了犯规行为，比赛必须暂停并进行处理，除非该项目没有暂停功能，则应当由项目规则另行决定。裁判员有权对犯规行为人进行个人处罚，并对犯规所属参赛方的追加技术判罚。

4.2.2 违例

违例指运动员或队伍官员未遵守本规则所述的标准要求，或未按照标准程序执行，但未影响其他参赛方的正常竞技。

如果比赛中发生了违例行为，比赛继续，但裁判员需要指出其问题并督促调整,并进行告诫。如果裁判员认为违例严重影响了比赛,裁判员有权升格个人处罚。运动员需积极配合裁判员要求调整,消极配合会构成犯规。

4.2.3 客观情况

客观情况指非比赛参赛双方原因而导致的比赛受干扰情况。

被动犯规或违例与客观情况的区别在于:被动犯规或违例也是参赛人员行为对竞赛规则的触犯,只是被免予处罚;客观情况则是场外因素干扰或非参赛方原因的中断,参赛方没有过错责任人。

常见的客观情况有:

- 比赛网络环境波动。
- 比赛设备卡顿。
- 场外人员干扰。

4.3 相应处罚

4.3.1 技术判罚

技术判罚指对正在进行的比赛进程、结果进行技术干涉的判罚模式。技术判罚的对象通常是参赛方整体,但也可以是具体的某一个人。

技术判罚主要有:消除影响、重赛、罚分、当局判负、当场判负、补偿。

4.3.1.1 *消除影响*

消除影响是一种技术处理方式,是指将裁判员认为对比赛进程造成了额外干扰的一切因素消除或抵消。

如果该干扰因素是由一方参赛运动员、队伍官员引起的,那么判罚时不应使该方通过消除影响的手段获利。主裁判决定如何消除影响时,无须征集除了其他裁判员和技术台以外的任何人的意见。

4.3.1.2 *重赛*

重赛指该局比赛无效,需要重新进行该局比赛,并重新产生比赛结果,包括标准重赛和受控重赛。标准重赛指完全重新开始新的一局比赛，不保留任何上局比赛记录；受控重赛指根据项目规则，应当保留一部分上局比赛的结果，并在还原该结果的基础上重新进行新的一局比赛。

重赛的程序如下：

- 裁判员明确下达重赛判罚。
- 场上运动员退出比赛，并等待裁判员重新进入比赛的指令。此时不能启用换人替补程序，场上运动员也不能离开对战席。
- 裁判员下达重新进入比赛的指令。
- （受控重赛时）运动员在裁判员监督下，听从裁判员指令，还原上一局比赛的部分结果。
- 比赛恢复进行，重赛程序完成。

4.3.1.3 罚分

罚分是技术判罚的一种，被判罚的参赛方失去某一回合的分数，或失去/增加指定的时间，或失去某一机会次数。罚分对分数、时间、次数的调整始终是会使被判罚的参赛方获得更加不利于比赛获胜的。

如果由于罚分对已发生的比赛造成了影响，导致需要补赛的，应当以受控重赛的方式进行补赛。

4.3.1.4 当局判负

当局判负仅在比赛进行阶段或比赛暂停阶段可以进行判罚，被判罚的队伍失去该局比赛的胜利，或视作该局比赛未完成。

4.3.1.5 当场判负

当场判负在该场比赛第一局比赛开始后，直到全场比赛赛果确认之前，均可以进行判罚。被判罚的队伍失去该场比赛的胜利。

4.3.1.6 补偿

补偿指裁判员按照竞赛规则修改参赛方的分数或胜利局数，目的是冲抵其失去的利益。所有补偿都需要被裁判员和技术台记录并报告给赛事组织方。

4.3.2 个人处罚

个人处罚指对指定人员进行行为约束的处罚模式。个人处罚的对象通常是运动员或队伍官员的个人。

个人处罚主要有：告诫、警告、罚离出场、取消比赛资格。

4.3.2.1 告诫

告诫是一种较弱的个人处罚，用以纠正相关人员在比赛过程中的无意犯规和违例。告诫不计入赛会期间个人处罚的统计，但当运动员或队伍官员同一场比赛内被 2 次告诫，裁判员将会升级成为 1 次警告，之后所有符合告诫的判罚都处以警告。

4.3.2.2 警告

警告是一种较强的个人处罚，用于提醒相关人员的行为已经明显违反规则要求或干扰了比赛秩序。裁判员应向被判罚警告的人员明确公示。警告有效期将一直保持到该场比赛全部结束，同一场比赛中累计 2 次警告，判罚将会升级为罚离出场。警告的记录将被保留至整个赛会结束，被视作累计个人处罚次数。整个赛会期间累计警告 4 次，将会被禁赛 1 场。

4.3.2.3 罚离出场

罚离出场是次严重的个人处罚，用于立即告知相关人员停止行为并将其驱离比赛场地。被罚离出场的人员应当被做出示意。

罚离出场指该人员须立即离开比赛场地返回休息室，不应停留在对战席、替补席区域。

罚离出场如果发生在第一局比赛开始之前，因此导致参赛方场上运动员人数不足，则仍然允许执行替补换人程序，并按正常流程进行比赛。罚离出场如果发生在一局比赛进程中，则本局比赛判负，再执行替补换人程序；如果伴有当场判负，则比赛停止。

本场被判罚离出场的运动员，下一场将自动禁赛 1 场。赛会期间 2 次被判罚离出场的，将会被取消本次赛会的比赛资格。

4.3.2.4 取消比赛资格

取消比赛资格是最严重的个人处罚，是指该运动员不得参加从判罚生效时起，至赛会结束的比赛。后续处罚由赛事组织方决定。

4.3.3 团队处罚

在裁判员认为是全队运动员普遍性犯规时，个人处罚应该给予队长，因其管理队伍秩序失职。

因同一连续行为触犯多个违规条款时，应当针对其触犯的最严重的处罚条款进行，而并非由于同一行为多次给予个人处罚。

4.4 违例、犯规及相应处罚

如果运动员存在正常规范和流程之外的行为，该行为正在介入进行中的比赛，都会被列入判罚违例或犯规的范畴。裁判员随着该行为对主观故意的加深，对竞技对抗的介入程度的加深，以及获利的程度的加深，来决定不同违例和犯规行为最终给予个人处罚和技术判罚的程度。

- 如果该行为影响了比赛的走势、拖延了比赛的进程或重复出现，都会成为裁判员加重处罚的依据。
- 如果该行为持续且明显地增强了己方竞技能力或削弱/干扰了对手都会成为裁判员加重技术判罚的依据。
- 如果该行为明显违反体育精神，具有仇恨/侮辱/歧视/暴力等特征都会成为裁判员加重个人处罚的依据。

主裁判可以根据临场的情况，作出相应判断，升级个人处罚和技术判罚。如果裁判员发现未被记录在册，但违反上述原则的行为，同样可以根据其程度做出违例或犯规判罚，并处以相应的个人处罚和技术判罚。

4.4.1 违例和对应的处罚

违例的描述和对应的处罚如表 3 所示。

4.4.2 犯规和对应的处罚

犯规的描述和对应的处罚如表 4 所示。

表 3　违例和对应个人处罚、技术判罚的示例

类型	描述	个人处罚				处罚				
		告诫	警告	罚离	消除影响	技术判罚（如比赛开始）			其他
						重赛	罚分	当局判负	当场判负	
违例	申诉违例：采用了过激的申诉方式	√	√	√						
违例	程序违例：不遵守或故意逃避规则中明确规定的程序	√	√							
违例	换人违例：未按照更换运动员的程序进行运动员替换	√	√							
违例	姿态违例：比赛进行中，对战席上的运动员未经许可起立。运动员的床起是被允许的	√	√							
违例	时间违例：拒绝按照竞赛规则、赛事规定、裁判员告知的时间进行活动，或故意ození迟到	√	√							
违例	标记违例：未经裁判员许可，涂写符号、图案或文字	√	√							
违例	遮挡违例：故意降低比赛透明度（例如，故意用手或衣服遮住脸，规避裁判员检查）	√	√							

第一部分　电子竞技竞赛规则

表 4　犯规和对应个人处罚、技术判罚的示例

类型	描述	个人处罚 告诫	个人处罚 警告	个人处罚 罚离	个人处罚 消除影响	技术判罚 重赛	技术判罚 罚分	技术判罚 当局判负	技术判罚（如比赛开始）当场判负	其他
故意犯规	干扰犯规：指通过非竞技的手段，故意使对方运动员的正常比赛进程受到负面影响		√	√	√		√	√		
故意犯规	设备犯规：故意修改或破坏比赛用机及其禁用的设置，或修改比赛对战席布置、比赛环境等		√	√	√			√	√	
故意犯规	装备犯规：故意违反装备的使用规则		√	√	√		√	√		
故意犯规	通信犯规：在比赛期间未经裁判员许可，进行比赛环境以外的信息接收或交换		√	√			√	√		
故意犯规	侵占犯规：未经裁判员许可，故意触碰自己以外的比赛设备和装备（包括对手和队友的）		√	√				√		
故意犯规	破坏犯规：将任何物品抛向、丢向任何人或地面，或破坏任何比赛场内的物品		√	√				√	√	
故意犯规	拖延犯规：故意拖延比赛开始或恢复进行	√	√	√				√		

023

续表

类型	描述	处罚							
		个人处罚				技术判罚（如比赛开始）				其他
		告诫	警告	罚离	消除影响	重赛	罚分	当局判负	当场判负	
故意犯规	漏洞犯规：故意利用客户端原本设计之外的缺陷或意外的错误		√	√	√	√	√	√	√
违反体育道德犯规	通过窥屏、反光、声音信息、观众串通等形式，获得正常比赛进程中无法获得的信息		√	√		√	√	√	
违反体育道德犯规	在比赛场地内朝人吐唾沫、咬人等行为			√				√	√
违反体育道德犯规	以任何形式阻止裁判员作出判罚决定，或消极执行、拒不执行	√	√	√		√	√	√	√

024

续表

类型	描述	个人处罚			技术判罚（如比赛开始）				其他
		告诫	警告	罚离	消除影响	重赛	罚分	当局判负	当场判负	
违反体育道德犯规	以非真实的身份，宣称自己是某一名运动员或队伍官员参与比赛进程中			√					√
违反体育道德犯规	通过肢体行为，对任何人作出具有攻击性的动作，危及他人安全			√					√
违反体育道德犯规	故意在比赛设备或装备中安装未经赛制组织方授权或裁判员许可的软件和脚本			√					√
违反体育道德犯规	在比赛期间与对方运动员、对方队伍官员或裁判员进行有关比赛结果、利益交换形式的沟通，或作出有关比赛结果的承诺			√					√

续表

类型	描述	处罚							
		个人处罚				技术判罚（如比赛开始）			其他
		告诫	警告	罚离	消除影响	重赛	罚分	当局判负	当场判负	
违反体育道德犯规	以任何形式对某一人或某一群体表达歧视的观点	√	√	√			√	√	√	
违反体育道德犯规	以任何危险形式对公共安全秩序造成威胁，包括人身安全、财产安全，环境安全和公共卫生安全			√					√	

5　申诉和仲裁

5.1　赛前申诉

赛前申诉指比赛开始之前，队长或一名指定的队伍官员向裁判员就比赛环境意见表达的过程。赛前申诉可以口头形式进行。

允许被赛前申诉的内容是：

- 比赛场地、环境不符合规定。
- 比赛设备（含设备配件和通信设备）不符合规定。
- 比赛环境有明显的外部干扰。

以下内容不属于赛前申诉：

- 报告己方装备问题。
- 要求调整白噪音音量。

赛前申诉的程序如下：

- 发起人正式告知裁判员进行申诉，并在1分钟内口头描述申诉内容。
- 裁判员有权受理或不受理赛前申诉。
- （如受理）比赛不得开始，裁判员与技术台共同对申诉内容进行复核。如果申诉有效，则比赛应当在调整合规后开始；如果申诉无效，则比赛按正常程序开始。申诉程序结束。
- （如不受理）比赛按正常程序开始。申诉程序结束。

5.2　赛中申诉

赛中申诉指一场比赛局间（即中场休息时），队长或1名指定的队伍官员向裁判员就比赛过程中对方的犯规或违例进行意见表达的过程。赛中申诉可以口头形式进行。

裁判员有权受理或不受理申诉。若受理申诉，则裁判员应当检查相关情况，并进行正确的判罚后继续后续比赛；若不受理申诉，则后续比赛应正常继续。

允许被赛中申诉的内容是：

- 对方参赛方犯规或违例。
- 对方参赛方未遵守规定程序或不遵守比赛时间。
- 赛事组织方批准的其他申诉内容。

以下内容不属于赛中申诉：

- 报告己方比赛设备、装备问题。
- 不满比赛结果。
- 不满技术员提供的信息。

裁判员有权对故意利用申诉规则，目的是干扰比赛和裁判员、技术台工作秩序的运动员和队伍官员处以警告处罚。

赛中申诉的程序如下：

- 发起人正式告知裁判员进行申诉，并在1分钟内口头描述申诉内容。
- 裁判员有权受理或不受理赛前申诉。
- （如受理）后续比赛不得继续开始，裁判员与技术台共同对申诉内容进行复核。如果申诉有效，比赛应当暂停（无法暂停的项目应当另行规定），裁判员应当遵照规则进行修改判罚，比赛直至判罚生效后继续；如果申诉无效，则后续比赛按正常程序继续。申诉程序结束。
- （如不受理）后续比赛按正常程序继续。申诉程序结束。

5.3　赛后申诉

赛后申诉指一场比赛结束后，由运动员或1名指定的队伍官员向技术代表，就比赛结果进行意见表达的过程。

赛后申诉仅能在全场比赛结束后进行，且只能针对比赛结果进行申诉。一个参赛方仅能派遣1人作为申诉人，申诉人可以是教练员或队伍官员。申诉人应当在赛后30分钟内（决赛要在5分钟内）告知裁判员要进行申诉。申诉应以书面形式向技术代表提出，并详细说明申诉理由。

赛后申诉需支付 5000 元申诉费。如果申诉成功，其中 20% 将会作为审议费扣除，80% 返还申诉方。如果申诉失败，全部申诉费将不退回。

技术代表有权拒绝接受申诉。如申诉被接受，将组成仲裁委员会审议比赛结果。申诉期间，比赛秩序将不受影响。如对决赛提出申诉，技术代表有权决定该场比赛的颁奖仪式是否推迟。

对申诉的最终审议结果将在比赛当天所有比赛结束后立刻做出，并将书面结果通知申诉方和被申诉方。

赛后申诉的程序如下：

- 发起人正式告知裁判员进行申诉。
- 提交申诉材料。
- 裁判组在赛后对申诉进行评议，决定是否驳回申诉；确定驳回的，应当附上相关判罚依据。
- 仲裁委员会根据申诉人答辩情况对申诉做出裁决，并在比赛当天通知双方队伍。

6　比赛场地

6.1　场地条件

比赛场地可以是室内场地或室外场地，无论是何种，场地内都应当保证适宜的温度、湿度和照明条件，具体要求详如表 5 所示。裁判员有权要求赛事组织方对场地条件做出进一步的调整。场地条件应通过技术代表验收。

表 5　比赛场地室内外部分条件参考数值

场景	条件（单位）	参考值
室内场地	平均温度（℃）	18~26
	相对湿度（%）	40~80
	暗场最低照度（lx）	20

续表

场景	条件（单位）	参考值
室内场地	亮场平均照度（lx）	100~500
	对战席最高自然噪声（dB）	70
室外场地	场地结构	应带有遮雨顶棚、遮光背棚
	自然风速峰值（米每秒）	≤ 10
	对战席最高自然噪声（dB）	90

比赛场地必须满足竞赛需要的网络条件、电气条件和噪音屏蔽能力，以确保比赛能够在公平且连续的环境下进行。

比赛场地的尺寸应当至少能够容纳对战席、技术台，以及必要的人员活动通道。比赛场地和外部区域之间应当预留不低于 3 米的安全距离，距观众席应当预留不低于 8 米的距离。

裁判员在比赛开始前应当检查场地条件是否符合最低要求规范，如果裁判员认为场地不符合比赛要求，则不得开始或恢复比赛。

6.2　场地区域

比赛场地必须包括下列功能区：

- 对战席：运动员进行竞技比赛的区域。
- 技术台：技术员进行工作的区域。技术台应能容纳至少 10 名人员同时工作，并配备相应的装备。技术台应当与对战席保持一定的距离。

比赛场地推荐布置下列功能区：

- 替补席：替补运动员和教练员所在的区域。比赛中，替补席有实时的比赛画面及仅供主教练监听的运动员内通。替补席仅允许运动员及队伍官员进入，其余随行人员禁止在比赛期间进入替补席。双方替补席应当是独立的房间或者间隔超过 5 米。
- 候场区：候场区为对战席附近供运动员在上台前做最后准备的区域，仅供指定参赛方和裁判员检录运动员及检查其装备时使用。未经裁判员的许可，任何其他人员均被禁止进入，否则将会被警告或驱离。

观众席、休息室、更衣室、仲裁室不视作比赛场地内，裁判员无法行使本规则所述的裁判员权力。

功能区管理规则：如果功能区不满足比赛进行或比赛规则所述条款的要求，则应当调整功能区，直至裁判员认为功能区已经符合比赛要求时才能开始或恢复比赛。在此期间比赛无须暂停（除非功能区问题明显干扰了比赛进程）。功能间应当在比赛暂停或停止时进行调整。

6.3 对战席规格

对战席应当至少包括左、右两侧。当该项目是多方同时参加时，对战席各侧数量应当与同时参加的参赛方数量一致。

对战席各侧之间需要至少保持 3 m 的距离。

对战席由桌子、椅子和必要的保障设备组成，建议单张桌子尺寸为 1440 mm（长）×720 mm（宽）×750 mm（高），长、宽误差应控制在 100 mm 以内，高度误差应控制在 80 mm 以内。椅子应为可调节高度的座椅且需要附带扶手。每侧对战席所需的桌子和椅子数量与该项目一方首发运动员数量相同。

6.4 场地规范

6.4.1 场地公平性

对战席不应能直接观察到对方对战席的屏幕内容、技术台的屏幕内容、比赛屏幕内容（包括反光的形式）。

对战席不应能清晰听到对战席以外的声音信号，如从对方对战席、替补席和观众席发出的信号。如果有必要，对战席应当加装隔音设施。裁判员应当按照管理功能区的规则管理场地公平性。

6.4.2 食品、饮品和药品

运动员应当始终为反兴奋剂义务负责。比赛场地内禁止出现和服用食物（含口香糖等零食）和营养品，但允许：

- 赛事组织方提供的饮品。

- 应急药品：运动员应当提前告知赛事组织方并获得许可。

除了赛事组织方批准的广告以外，所有比赛场地内的饮品商标应当被移除。

饮品不得出现在对战桌面上，应当放置在替补席、桌面下或其他裁判员指定的区域，除非是赛事组织方特许展示的赞助商商品。运动员可以在任何时候服用赛事组织方批准的饮品，无须征求裁判员的意见。

7 器材

7.1 比赛设备

7.1.1 比赛设备范围

比赛设备指用于加载比赛程序的电子设备（包括但不限于比赛计算机、比赛手机、比赛主机等）、比赛通信设备、比赛软件、比赛账号、赛事服务器和其他比赛设备。

比赛计算机（PC）指的是进行电子竞技赛事的台式电脑或笔记本电脑，以及其配套的显示器，如无特别说明，比赛计算机都指的是台式电脑。比赛手机指的是进行电子竞技赛事的移动设备，通常特指具备客户端运行能力的智能手机。如果没有特别规定，则不允许使用平板电脑作为比赛设备。

比赛计算机、比赛手机的性能参数应当足以保障客户端流畅运行，且符合赛事组织方要求的设备最低性能配置。无论如何，赛事组织方需要确保每个参赛方的比赛计算机性能和显示器参数是处在同一水平的。

比赛计算机应当由赛事组织方负责保障，经过裁判员检查后方可投入使用。线上比赛中，比赛计算机允许各参赛方根据赛事组织方提供的标准自行准备并负责保障，但仍需要经过裁判员检查后方可使用。

比赛通信设备指用于运动员和运动员之间、运动员和教练员之间、运动员和裁判员之间通信的硬件设备。比赛通信设备应当由赛事组织方负责保障，经过裁判团队检查后方可投入使用。比赛通信设备应当满足通话清晰、公平、独立、低延时的特点。不应有第三方介入比赛通信中，包括信号、文字、音频和影像的通信。

比赛软件指比赛项目的客户端程序及赛事组织方指定的比赛相关计算机程序。比赛软件由赛事组织方负责提供，且应当预装在比赛设备上，保证其为比赛所需的版本。裁判员应当在赛前确认比赛软件的可用性。如果比赛软件不符合要求，比赛不得开始或继续。

比赛账号指运行比赛客户端程序所需的数字凭证，通常包括账号和密码。比赛账号由赛事组织方负责提供；个别非职业赛事中，在赛事组织方授权下，也可以由运动员自行准备比赛账号。比赛账号需经裁判员检查后方可使用。如果比赛账号不符合要求，则比赛不得开始或继续，直至裁判员认为其符合要求。

赛事服务器指用于存储、传输、计算各类电子竞技比赛数据和信号的电子终端设备。电子竞技赛事依托于服务器进行比赛。

赛事服务器可分为本地服务器和远程服务器。本地服务器指所有的服务器行为都在局域网内，不经过公开互联网进行工作的服务器终端；远程服务器则指需要通过公开互联网进行转发的服务器终端。

赛事服务器应支持客户端断线自动重连，且满足以下基本要求（表6）：

表6　赛事服务器基本要求

项目	本地服务器	远程服务器
客户端至服务器时间延迟	不高于10毫秒	不高于100毫秒
5分钟内数据包丢失率	不超过0.005%	不超过0.1%

其他比赛设备，如对战席的电竞桌椅、设备支架、信号（OTG）延长线等，均应当由赛事组织方评估公平性、安全性和有效性。这些设备同样受到本规则保护和约束。

7.1.2　比赛设备的使用规范

比赛设备不应用于其本身定义以外的功能。任何人在使用比赛设备时，应当执行主裁判的指令。

禁止人为拔出、损坏、破坏任何人的比赛设备或使其失效，或者故意触碰任何人的比赛设备（无论是自己的、队友的、对手的、裁判员的，还是技术台的设备），否则其应该被警告。

运动员禁止对比赛设备做出修改，包括：

- 贴保护膜。
- 加装有遮挡或辅助功能的手机壳。
- 加装任何形式的功能和配件。
- 调整任何赛事组织方要求不变的预设设备参数。

使用未经许可的比赛设备进行比赛，或者以错误的方式使用比赛设备，均视作该设备无效。

运动员有权在比赛开始前要求对比赛装备进行测试，整体测试时间为 5 分钟。

运动员不允许使用自带的通话耳机。运动员和队伍官员未经裁判员允许不得调整任何音频设置，包括但不限于设备音量、客户端音量、内通音量。

裁判员或辅助技术员有权监听队伍的语音聊天。

运动员通信设备中将被添加"白噪声"以弱化外部信息干扰。当"白噪声"屏蔽外部噪音且不影响运动员竞技状态的情况下，该"白噪声"已达到运动员比赛时的标准。该标准在比赛过程中不做更改。如果在比赛过程中"白噪声"不满足该标准，或者出现其他故障，那么比赛必须立刻暂停，直到"白噪声"恢复到比赛标准。无法暂停的，应当视比赛影响情况决定比赛继续或重赛。

比赛过程中，耳机必须直接佩戴在运动员的耳部，并且全程保持位置不变。在比赛中，队伍成员全程不得以任何理由摘下耳机，也不得通过任何方式在耳机和耳朵之间放置未获得裁判员许可的任何服饰或设备。运动员不得以拉扯、扭转或其他任何方式破坏耳机。

运动员违反本条规定则应当最高被处以警告，但如果比赛正在进行中，裁判员应允许比赛继续，并要求其在下一次比赛暂停时修复。

7.1.3 更换比赛设备

赛事组织方应当准备备用设备。仅有当比赛设备出现严重的性能问题，导致比赛无法进行时，经裁判员认为需要更换，该设备才允许被更换。备用比赛设备参数应当与其他同类型比赛设备一致，以确保所有运动员都在公平的比赛环境下进行对抗。

更换比赛设备的程序如下：

- 运动员告知裁判员设备问题并提出需要更换。
- 裁判员判断设备问题是否符合暂停条件。
- （如果是）比赛暂停并更换为备用比赛设备。赛事组织方应保证设备的更换时间不超过 10 分钟。更换后，在裁判员监督下，运动员重新获得 7.1.2 中规定的调试时间。运动员完成设备调试，进入比赛。裁判员恢复比赛。
- （如果否）比赛继续。

7.2 运动员装备

7.2.1 运动员装备范围

7.2.1.1 装备合规

运动员装备包括各类与运动员比赛直接相关的硬件（含外设）、软件和物资。运动员允许使用装备来操作比赛设备、获取信息和建立通信，但这些设备不应当为运动员增强自身所不具备的能力。

所有比赛装备都应当经过裁判员或 IT 技术员、器材管理员检查，并在裁判员监督之下使用。

允许使用的比赛装备包括：

- 键盘：应为不开启宏编程功能的薄膜键盘、机械键盘或静电容键盘。
- 鼠标：应为不开启宏编程功能的鼠标。
- 游戏手柄：应为不开启宏编程功能的游戏控制器，包括传统手柄和街机摇杆键盘。

使用以下装备需要赛事组织方的额外批准：

- 鼠标垫。
- 指套。
- 滑石粉。
- 吸水纸。
- 充电器（含 OTG 延长线）。
- 散热器。
- 暖手器。
- 设备支架。
- 线缆收束器。
- 桌椅附加配件。
- 网络摄像头。
- 独立麦克风。
- 其他赛事组织方认为有必要性的装备。

禁止使用的装备包括：

- 启用了宏编程功能的装备。
- 具有外部通信功能的装备：包括但不限于信号接收器、SIM 模块等。
- 任何形式的可读写储存设备：包括但不限于 USB 硬盘、移动硬盘、储存卡等。
- 自动化辅助装备：包括但不限于助力器、游戏提示器等。
- 反光装备：具备镜面或高光线反射率表面的装备。
- 音频外放装备：包括音箱、扩音器或其他对外播放音频的装备。

7.2.1.2 通过无线网络和蓝牙连接的装备

通过无线网络和蓝牙连接的装备，装备本身和其附加的信号接收模块都应当接受裁判员检查，并应在裁判员监督下接入比赛网络环境，装备才能被允许使用。

未经过裁判员检查通过的装备，或未接入正确的比赛网络环境的装备，应当视为装备使用违规。

7.2.1.3 宏编程装备

任何运动员装备不应开启宏编程功能，包括任何形式的按键绑定、自动化脚本。如果运动员的装备功能带有宏编程功能，则运动员应当主动告知裁判员，并接受宏编程检查。

当运动员装备需要通过指定的驱动程序时，应当在安装驱动程序前告知裁判员，并在裁判员监督下调整驱动程序设置，运动员设置完成应当由裁判员检查，检查通过后装备才能被允许使用。

如果项目客户端内支持绑定按键或预设自动化脚本的功能，且该项目规则中也没有禁用该设置，则应当允许运动员进行该操作，此时不应视为通过装备进行宏编程。

7.2.1.4 可穿戴装备

通常意义上，并未直接参与比赛的可穿戴物品不被视为是比赛装备，如眼镜和助听器。但是当这些装备带有干扰比赛的功能或额外的电子/光学功能时，应当被纳入比赛装备的范畴接受裁判员检查。这些装备包括但不限于：

- 电子手表。

- 手环、头环。

- 具备显示能力的眼镜。

- 具备通信功能的助听器。

7.2.1.5 植入式医疗器械

植入式医疗器械可以视为可穿戴装备的一种，运动员应当提前告知裁判员，并提供相应的医学证明，在裁判员同意后方可进入对战席。

植入式医疗器械主要包括：

- 心脏起搏器。

- 血管支架。
- 植入式骨科固定器。
- 医学假体。

7.2.1.6 医疗豁免装备

运动员出于治疗疾病、预防疾病、必要辅助的目的使用医学装备，无须提供医学证明，但应当接受裁判员检查，并在裁判员同意后方可使用。这一类装备包括但不限于：

- 轮椅。
- 肌肉贴。
- 护腕。
- 创可贴。
- 止血用品。
- 色盲眼镜。
- 防蓝光眼镜。

7.2.2 运动员装备的使用规范

装备的使用方式：

- 运动员有义务保障自己的装备在比赛时可以有效使用，应当在每场比赛规定开始时间前的 15 分钟内完成对装备的调试。
- 运动员装备应有多个备份，以确保在故障时可以快速替换。
- 运动员在比赛间歇，不得将装备带离比赛区域。
- 装备的使用范畴不应超出它原本的功能。
- 禁止运动员接触或者操作除自己以外其他任何人的比赛装备。
- 装备失效、使用任何未经许可的装备，或以任何未经许可的方式使用装备，均视作违规使用比赛装备。

7.2.3 更换运动员装备

对于装备故障或违规使用的装备，经裁判员认为需要更换的，应进行更换：

更换运动员装备的程序如下：

- 运动员告知裁判员，裁判员同意更换或由裁判员指出装备需要更换。
- 完全移除要被更换的装备。
- 运动员将新装备交由裁判员检查通过。
- 在裁判员监督下，运动员安装和调试新装备。
- 装备更换应在 15 分钟内完成。

7.3　技术台装备

技术台装备应当有多个备份，避免装备失效时无法替换。

技术台装备主要包括必要装备和可选装备。

7.3.1 必要装备

- 2 台观战用机。
- 即时回放设备。
- 3 个计时器（刻度为时、分、秒）。
- 1 个当前时钟。
- 记录表和记录工具。

7.3.2 可选装备

- 额外的观战用机。
- 备用计时器。
- 内部通信设备。
- 通信监听设备。

- 计时示意牌。

7.4 比赛器材管理

7.4.1 器材管理

7.4.1.1 器材管理员

器材管理员是场馆技术人员的一种，但无须在技术台内工作。器材管理员的主要职责为：

- 登记比赛设备和运动员装备的出入库和使用情况。
- 确认比赛账号，并在赛前下发裁判员团队。
- 保障比赛设备、比赛软件和比赛账号的可用性。
- 准备备用比赛设备。
- 赛前收集运动员装备。
- 协助裁判员检查运动员装备，并在检录时提供给运动员挑选。
- 管理备用的运动员装备。
- 维护比赛设备和运动员装备的可用性。

7.4.1.2 比赛设备管理

比赛设备应当由器材管理员进行维护，并由 IT 技术员和裁判员在赛前对比赛设备进行检查确认。

比赛进行中时，器材管理员应当准备完成可供随时替换的备用设备，并协助裁判员和 IT 技术员对需更换的设备进行调整。比赛结束后，原则上器材管理员需回收所有用于加载比赛用软件的电子设备，并进行维护、登记。

器材管理员有义务协助管理所有比赛设备、比赛软件和账号，并在赛前下发给本场比赛的裁判员团队。裁判员团队有权决定是否将账号、密码告知运动员，或不经过运动员直接登录账号。在此期间如出现账号异常等问题，应尽快联系器材管理员更换备用账号，并进行账号昵称更新。当运动员确认调试完成后，比赛账号的异常由运动员负责。

禁止使用比赛设备下载或浏览与比赛无关的软件，包括但不限于浏览网页、安装插件、鼠标宏等。

7.4.1.3 运动员装备管理

运动员应当在赛前指定时间将自己的比赛装备和备用比赛装备提交给器材管理员进行登记，并交由裁判员进行检查。比赛开始前的检查检录阶段，运动员不得自行携带装备，而应当从裁判员检查通过的两套装备中选择一套进行比赛。

当运动员没有比赛装备或备用比赛装备时，则应当用赛事组织方提供的默认装备替代，但运动员仍然有义务在调试阶段确保装备的有效性。

7.4.2 器材接入

器材管理员应当对比赛设备接入的有效性负责，确保满足比赛进行的环境条件，由裁判员进行最终的确认。

8 赛事服装规格

8.1 运动员服装

服装指除电子设备外，任何运动员在比赛中所穿戴的用品，包括：套头衫、运动短袖上衣、运动短裤、裙、袜、鞋、头箍、毛巾、护腕、指套、绷带及医用护具等。

为保证电子竞技比赛更具观赏性，运动员所穿服装均被认可为电子竞技运动服装。不得用粘盖、别针固定广告或其他临时变通手段改变服装，以达到符合广告规定或其他规定的目的。

有关服装广告的规定，必须在赛事规程或报名表中明确说明，并建议在所有相关通信联络中重申。执行服装广告规定时，主裁判在每次比赛中的决定是最终决定。

8.1.1 颜色规定

在所有使用本规则的比赛中，每件比赛服装可为任一颜色或多种颜色。同队运动员着装必须统一，即相同颜色和款式的比赛服装。

8.1.2 图案规定

在所有使用本规则的比赛中，每件比赛服装上只允许出现符合以下规定的一个图案：

- 服装上允许出现不含广告，无商业或推销内容的抽象图案。
- 运动服装上衣前面可有运动员所代表的国家（地区）的旗帜或徽记。
- 图案作为广告的组成部分出现在服装上，必须符合服装广告的规定。

8.1.3 文字规定

在所有使用本规则的比赛中，每件比赛服装上只允许出现符合以下规定的文字：

- 文字应为大写罗马字母，其颜色为单色并与短袖运动上衣颜色形成反差。
- 如果上衣背面已有图案，则文字应印在与图案颜色形成反差的位置上。
- 文字应水平排列或尽可能水平排列在上衣上部。
- 上衣背面的运动员姓名一旦出现，应包括姓氏（或其缩写）及名字或昵称，并与参赛名单姓名一致。

8.2 裁判员服装

裁判员的服装应当明显区别于参赛方运动员、队伍官员，且尽量使用中立的配色。原则上除了服装品牌、赛事名称及表明裁判员身份的内容外，不应再出现任何形式的标语或图案。

赛事组织方应确保裁判员服装正式、得体，体现裁判员的权威性，表现裁判员的良好形象。同时，应当为裁判员提供备用服装以供更换。

第一部分　电子竞技竞赛规则

附录一
电子竞技竞赛标准用语规范细则

1　比赛场景中常用的词汇、专业术语和表达方式

1.1　赛前

1.1.1　比赛信息

1.1.1.1　比赛名称

电子竞技赛事名称应包含地域、项目名称和比赛类型。比赛类型包括锦标赛（杯赛）、联赛、巡回赛、公开赛、邀请赛等。地域可指代办赛范围或举办地点，可酌情简写。综合性赛事可省略项目名称。部分赛事可酌情限定参赛选手性别。

举例：英雄联盟职业联赛；全国电子竞技公开赛；王者荣耀女子公开赛。

1.1.1.2　比赛场地

电子竞技赛事的比赛场地必须包括对战席。对战席指选手进行竞技比赛的区域，根据单场比赛参与队伍数量及队伍人数确定对战席数量。对战席由桌、椅及必要的设备组成。

1.1.1.4　比赛参与者

1.1.1.4.1　选手

描述电子竞技选手，应按使用场景区分"选手"及"运动员"。在比赛场景时，应使用"选手（player）"；在描述职业的时候，应使用运动员（athlete）。

举例：对阵双方为中国选手李晓峰与韩国选手张宰怙；运动员入场式

043

1.1.1.4.2 队伍

代表国家的队伍名称应包括国别简称、性别、项目。

俱乐部参赛队伍名称应包含地域、战队所属俱乐部名称。

举例：中国国家（男子／女子）电子竞技队；重庆狼队；上海龙之队。

1.1.2 比赛规则

1.1.2.1 比赛项目

电子竞技比赛项目应使用经过国家新闻出版署审批通过的游戏名称作为项目名称。作为比赛项目名称使用时，游戏名称可不加书名号。特殊版本应额外标明。部分注册过的专有名词可直接使用。

举例：入选杭州 2022 年亚运会电子竞技竞赛的项目包括英雄联盟、王者荣耀亚运版本、和平精英亚运版本、刀塔、梦三国 2、街霸 V、FIFA Online 4。

1.1.2.2 赛制

冒泡赛：比赛方式是由进入冒泡赛阶段的最后一名自下而上依次对上一名进行挑战，形似水中冒泡，因此被命名为冒泡赛。例如 6 支队伍打冒泡赛，即第一轮为第 6 名 VS 第 5 名，第二轮为第一轮胜者 VS 第 4 名，第三轮为第二轮胜者 VS 第 3 名，第四轮为第三轮胜者 VS 第 2 名，第五轮为第四轮胜者 VS 第 1 名。

双赛赛制：双赛赛制通过 5 次比赛即可确定出 4 支队伍的排序，可以有效地提升比赛效率。

1.1.2.3 比赛流程

1.1.2.3.1 流程相关

- 赛前检查

电子竞技比赛中，赛前检查除一般检查外，还包括：比赛账号检查、赛事设备检查、画面设备检查等。

比赛账号检查：保证选手参赛所用的比赛账号预备至可正常进行比赛的状态。

赛事设备检查：根据比赛设备检查清单，对比赛使用的相关设备进行检查，确保设备处于可正常进行比赛的状态。

画面设备检查：确认选手操作画面录制等相关设备按要求架设完毕，比赛区域推流画面清晰流畅。

- 现场签到

- 检录

- 热身

选手进行赛前热身包括以下内容：

(A) 确认组委会所提供设备的质量。

(B) 进行调试。

(C) 确认语音聊天系统功能正常。

(D) 配置游戏道具。

(E) 调整游戏内的设置。

(F) 进行游戏内热身（仅可使用训练营模式）。

- 休息与暂停

休息或暂停期间，选手如需离开比赛席，在得到裁判批准的同时，还应确认所有设备放置在指定位置，不得带离赛场。

- 结果确认

1.1.2.3.2 软件相关

比赛服务器：在电子竞技比赛中，可承载多人在线，并提供网络连接和系统资源的计算机系统。所有参选选手都需要连接到比赛服务器当中。

比赛昵称：选手在比赛所展示的游戏界面中的名称，通常由战队名和选手个人昵称所组成。

1.2 赛中

1.2.1 比赛内数值相关

1.2.1.1 多人在线战术竞技类

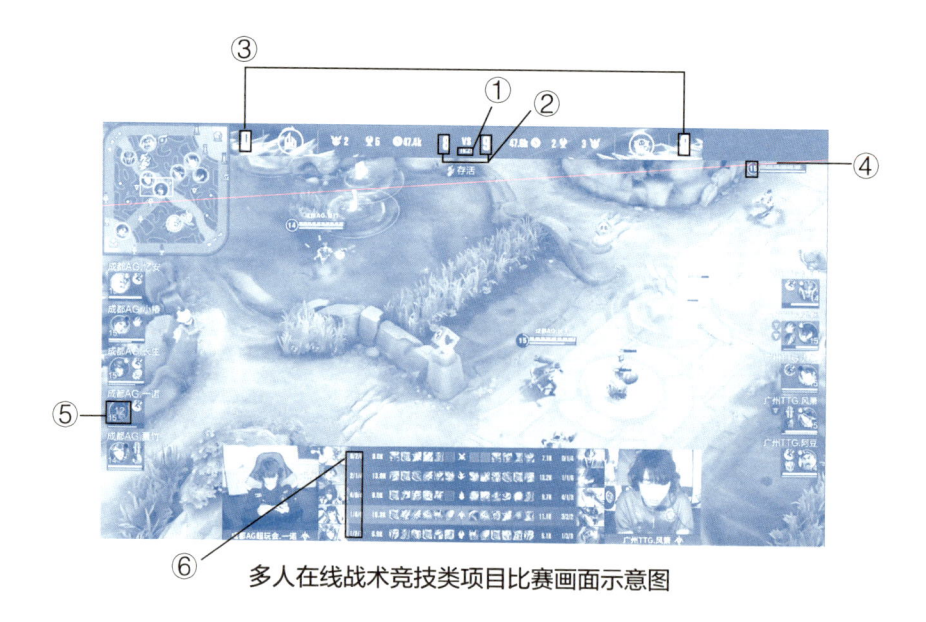

多人在线战术竞技类项目比赛画面示意图

说明：① 时间：双方对战持续的时间，从英雄首次出现在游戏内开始计算。当对局暂停时，计算会随之暂停；当对局恢复时，计算会随之继续，直到一方基地水晶被攻破。通常以分秒的形式出现在屏幕最上方正中间的位置。

② 击败数：对局内一方所有英雄击败敌方英雄的次数总和。通常以"一方击败数：另一方击败数"的形式出现在屏幕最上方正中间、与时间相邻的位置。

③ 战队比分：战队已取得的胜利局数。

④ 英雄等级：作为游戏内的一种设定，附近有小兵、野怪、敌方英雄等阵亡会使英雄获得经验值，通过经验值的积累，英雄等级将会不断提升直到满级。随着英雄等级的提升，可能带来英雄属性提升。

⑤ 复活倒计时：一个英雄从被击败到复活的时间，通常以数字的形式显示在该阵亡英雄的头像上。

⑥ 英雄 KDA：英雄在对局内的击败、阵亡和支援表现，通常以"击败数 / 阵亡数 / 助攻数"的形式出现。

1.2.1.2 战术竞技类

战术竞技类项目比赛画面示意图

说明：① 存活选手数量：目前比赛场上还没有被淘汰的选手总数。

② 存活队伍数量：目前比赛场上还没有被淘汰的队伍总数。

③ 安全区刷新倒计时：距离系统重新随机生成安全区域的时间。

④ 比赛目前阶段：根据游戏设定，安全区每刷新一次为一阶段，刷新一次为阶段 1，刷新两次为阶段 2，依次类推。

⑤ 本场比赛基本信息：包含本场比赛名称、比赛场次等相关信息。

⑥ 当前选手状态：指在当前情况下选手的个人状态，一般包括：选手生命值、已装备弹药数量、总弹药数量、各种装备数量、已击败目标数量、装备等级等。

⑦ 本轮比赛成绩信息：包括本轮比赛的排名、积分，还有每支队伍选手的存活数量。

1.2.1.3 模拟体育类

此类项目比赛画面中所展示数值参考传统体育项目的相关规则。

1.2.1.4 格斗类

格斗类项目比赛画面示意图

说明：① 剩余时间：本回合比赛所剩的比赛时间。

② 比分：选手已取得的胜利回合数。

③ 充能次数：特殊技能可使用的次数。

1.2.1.5 第一人称射击类

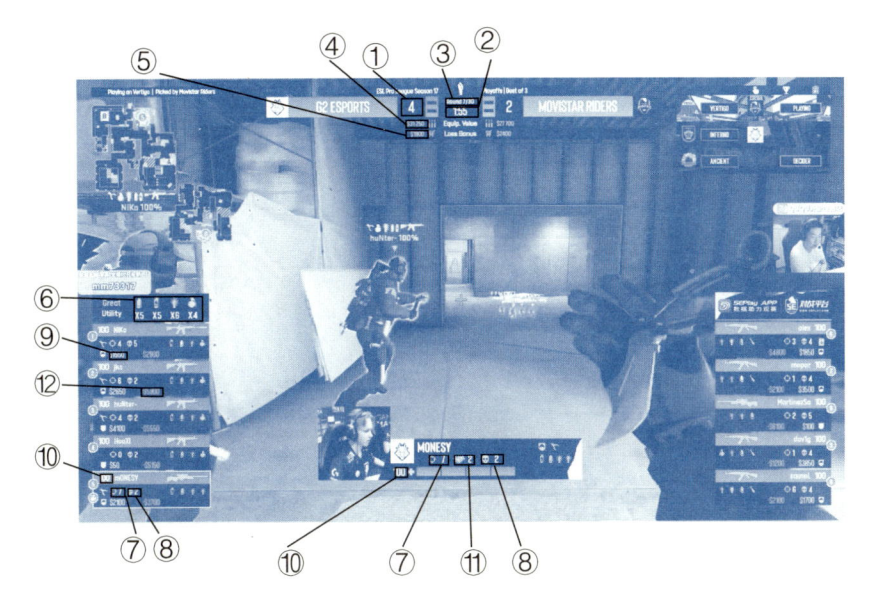

第一人称设计类比赛画面示意图

说明：① 比分：战队已取得的胜利回合数。

② 剩余时间：本回合比赛所剩的比赛时间。

③ 回合数：当前正在进行的回合次及当局比赛一共需进行的回合数。

④ 装备总价值：当局全队所有装备的价值总和。

⑤ 连败奖励：连续回合失败双方可获得的金钱奖励。

⑥ 道具数量：队伍拥有的道具数。

⑦⑧ 击败/阵亡数：当前角色当局的击败/阵亡总次数。

⑨ 金钱：角色在当前拥有的金钱数量。

⑩ 生命值：当前角色还能承受多少伤害量而不阵亡。

⑪ 助攻数：当前角色的当局助攻数。

⑫ 当回合花费金钱：当前角色在该回合开始时花费的金钱数量。

1.2.1.6 即时战略类

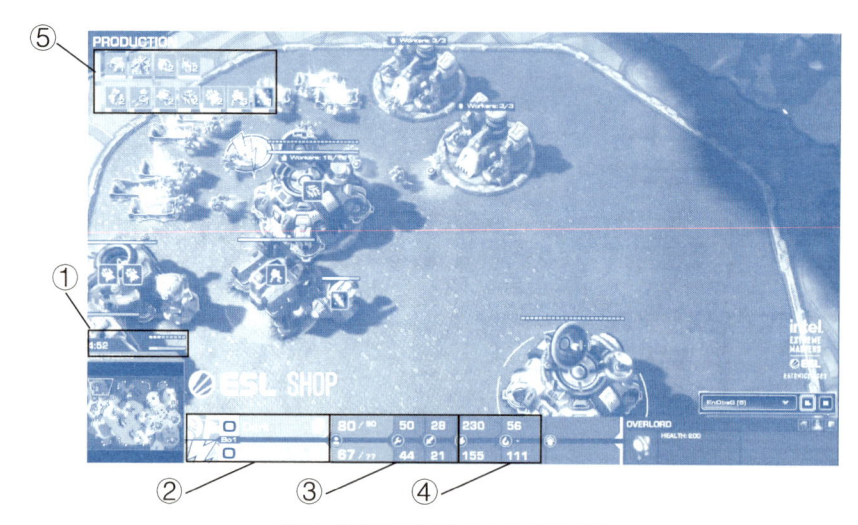

即时战略类项目比赛画面示意图

说明：① 时间：比赛已经进行的时间。

② 比分：选手已取得的胜利局数。

③ 双方人口数量：包括目前人口数量、人口上限数量、非战斗单位数量、战斗单位数量。

④ 资源数量：生产及升级科技所用到的资源数量。

⑤ 正在进行的生产：所有正在生产的单位、科技数量。

1.2.1.7 集换式卡牌类

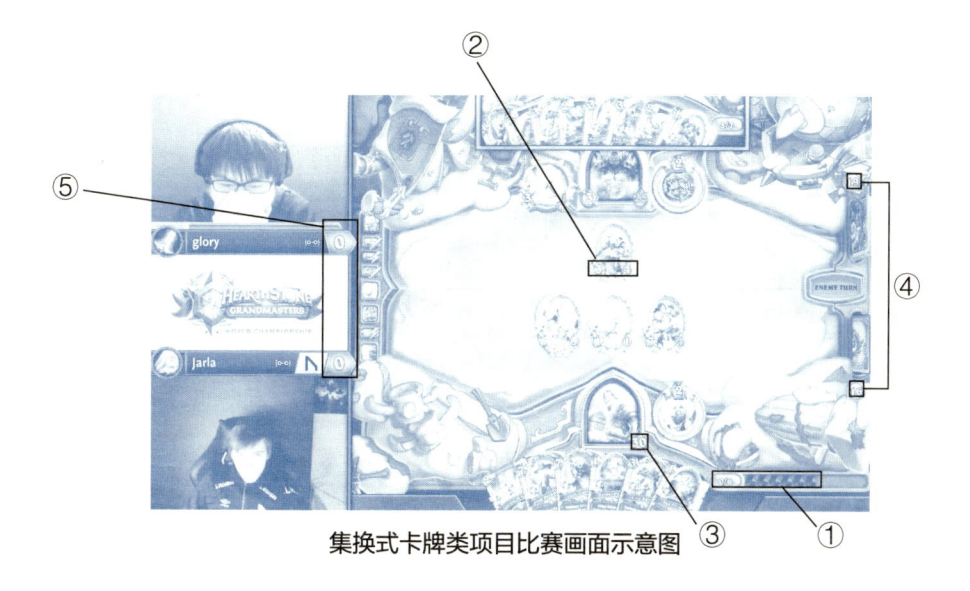

集换式卡牌类项目比赛画面示意图

说明：①费用：当前回合可供消耗费用总数。

②卡牌数值：包括卡牌攻击力、卡牌生命值和卡牌所需费用。

③生命值：角色在当前回合的剩余生命值。

④剩余卡牌：牌库中剩余的卡牌数量。

⑤比分：选手已取得的胜利局数。

1.2.2 游戏内机制相关

1.2.2.1 多人在线战术竞技类

- 补刀：指选手对小兵、中立生物等单位造成的最后一击。
- 位置：又称为"分路位置"，根据运动员在比赛中担任的职责，分为不同位置。
- 对线：指同一路对抗的双方运动员，通过消灭小兵获取资源，然后通过技能伤害或者"平A"进行线上对抗博弈的过程。

- 推线：指选手选择快速消灭敌方小兵以让己方威胁敌方防御塔。
- 偷袭：指游戏中玩家组织1个或以上的队友对特定的某个对手或者某路进行游击偷袭。
- 释放技能：指选手操控英雄释放英雄技能。
- 使用物品：指选手主动使用道具、装备等的行为。
- 推塔：指进攻敌方防御塔。
- 打野：指消灭地图中的中立生物单位。
- 藏视野：指选手操作英雄避开敌方的可视范围，不被敌方所察觉。
- 传送：使用某项技能或某个道具，不通过平面移动，直接出现在另一个位置。

1.2.2.2 战术竞技类

- 舔包：指捡拾阵亡角色掉落的武器和道具。
- 拉人：指在一定的时间内救治倒地但尚未阵亡的队友。
- 跑毒：指选手向安全区域移动。
- 使用载具：指使用游戏内可载人移动的交通工具，如汽车、摩托车等。

1.2.2.3 模拟体育类

此类项目比赛专有名词参考传统体育项目的相关说明。

1.2.2.4 格斗类

- 帧：格斗类项目的计时单位，所有角色的动作都对应一定帧数，以此来判定动作的快慢。
- 硬直：角色被击中或防御成功时，处于不受控制的状态，这种状态的长短用帧数来表示。
- 普通技：指角色的基本攻击动作，如简单的拳脚等。
- 特殊技：指需要输入特定的组合指令才能释放的招式，一般比普通技造成更大的伤害。

- 投技：在特定距离下，输入特定的组合指令才能释放的招式，特点是不可防御。

- 闪避：通过输入特殊指令，让自己控制的角色闪躲掉对手的攻击。

- 连招：一次攻击击中后，如果下一次攻击发动的帧数小于对手的受击硬直，就能抢在硬直结束前再次打中对手，表现为一连串的招式连续命中。

- 霸体：又叫刚体，指角色的一种特殊状态。在此状态下受到攻击会掉血，但是不会出现受击硬直，也就是可以在攻击的过程中承受对手的攻击。一般情况下霸体能承受的攻击次数有上限。

- 攒气：角色攻击或被攻击时会自动积累能量，当能量积累到一定数量时，便可通过全部消耗使用特殊的进攻或防御动作。

1.2.2.5 第一人称射击类

- 压枪：指克服武器的后坐力，利用鼠标的移动让武器尽可能朝着同一点/线进行射击。

- 投掷道具：指使用游戏内购买或捡拾的道具，如手雷、烟雾弹、闪光弹、燃烧瓶等。

- 下包：指匪徒阵营在游戏指定区域内安装炸弹，是结束比赛的方式之一。

- 拆包：指警察阵营拆除匪徒阵营安装在游戏指定区域内的炸弹，是结束比赛的方式之一。

- 爆头：指枪械命中对手角色的头部区域，相较身体其他部位，命中头部会造成更高额的伤害。

- 瞬狙：指在打开瞄准镜的一瞬间进行狙击。

1.2.2.6 即时战略类

- 采矿：指在游戏地图内让负责工作的单位去采集生产、建造、升级所需要的资源。

- 探路：指派出单位去侦测未知的地图环境或敌方战术。

- 攀科技：指发展科技，以生产更强力的战斗单位。

053

- 建筑学：利用建筑的形状和占地面积，开辟道路或者堵住道路。

1.2.2.7 集换式卡牌类

- 过牌：指抽牌。

- 疲劳：指当牌库剩余卡牌数量为 0 时，即进入疲劳状态每次主动或被动抽牌时，都会根据当前回合疲劳值，扣除角色一定生命值。

1.2.3 比赛战术相关

1.2.3.1 多人在线战术竞技类

- 偷家：指在游戏中，通过兵线运营在对方英雄无法回防的情况下拆掉核心建筑取得胜利的战术。

- 四保一：指在游戏中通过英雄选择，选出唯一核心的英雄，其他 4 个英雄作为辅助保证核心英雄成长的战术。

- 分带：指英雄通过不同路的兵线运营达到己方的兵线优势的战术。

- 换线：指在初始发育阶段，除打野英雄外不同路英雄改变初始分路，以建立优势的战术。

- 抓人：指通过英雄来到其他路支援，以形成以多打少的局面获得击败或者压低生命值的战术。

1.2.3.2 战术竞技类

- 攻楼：指队伍进攻建筑物内的敌人。

- 拉枪线：指通过移动跑位，帮助队友拉开火力与队友形成交叉火力。

- 载具：即交通工具，**和平精英亚运版本**中特指为 UAZ 吉普车。起点赛段域有 4 辆不同颜色的载具，运动员只可驾驶自己队伍专属颜色的载具。

- 物资：比赛地图内可拾取的虚拟道具，主要包括枪械、枪械配件、子弹消耗品、烟火雷闪、补给品等。

- 飞机：客户端内的虚拟交通工具，用于投送运动员操控的角色跳伞进入场景。

1.2.3.3 模拟体育类

此类项目比赛战术参考传统体育项目的相关说明。

1.2.3.4 格斗类

- 择：格斗游戏战术的统称。由于不同的进攻方式对应不同的防守方式，因此进攻和防守的本质就是做出对方预期之外的选择。
- 破招：指一名角色的招式破解了另一名角色的招式，前者系统判定动作有效，后者系统判定动作无效。
- 反击：指一名角色在防御住对手的攻击后，抓住对手来不及收招的瞬间，做出攻击动作的行为。
- 打逆：指运动员通过移动，绕到了正在防御的角色身后，并且打中了没有防御的部分。
- 波升：一种远距离牵制战术，是波动+升龙的缩写。波动是飞行道具的简称，指远距离的技能；升龙指一种对空技能。
- 打投：又称打投二择，是一种近距离压制手段。利用打技和投技需要不同防御方式的特点，让对手猜错进攻意图，进而命中对方。

1.2.3.5 第一人称射击类

- 对枪：指两名选手使用武器面对面进行一对一战斗。
- 补枪：指在第一个冲出去的人对枪被击败后第二个人马上补上击败敌人。
- 压位置：指利用武器或道具，干扰或延缓对手通往指定区域。
- 强起：指在当前回合中，消费全部金钱购买昂贵的武器，通常指狙击步枪。
- 经济局（ECO局）：指在当前回合中，消费尽可能少的金钱购买枪械和道具，保留1000以上的金钱，为下一回合积攒实力。

1.2.3.6 即时战略类

- 速经济：指前期不生产战斗部队、不投入资源研发科技，将全部生产资源投入到再生产环节的战术。

- 速科技：指前期不生产战斗部队，不投入再生产环节，将所有资源投入到研发科技上的一种战术，其目的是利用高等级兵种的优势赢下比赛。

- 换家：指将攻击目标锁定为敌方核心建筑的战术。

1.2.3.7 集换式卡牌类

- 拖疲劳：指通过各种方式让对手抽干牌库进入疲劳状态，以击败对手赢得胜利。

1.2.4 状态和事件描述相关

- 禁用和选择：在对局开始之前，针对双方队伍特点禁用或选择英雄或地图等，以对对方进行克制。

- 选边：在对局开始之前，选择队伍所属阵营。

- 丢包：指当服务器或客户端之间的数据在传输过程中出现数据包丢失。

- 延迟/卡顿：各式各样的数据在网络介质中通过网络协议（如TCP/IP）进行传输，如果信息量过大不加以限制，超额的网络流量就会导致设备反应缓慢，造成网络延迟/卡顿。

2 比赛中常用的缩写和简写方式

2.1 比赛信息

2.1.1 项目类型

- MOBA：指多人在线战术竞技类项目，是 multiplayer online battle arena 的缩写。

- SPG：指模拟体育类项目，是 sport game 的缩写。

- FTG：指格斗类项目，是 fight technology game 的缩写。

- FPS：指第一人称射击类项目，是 first-person shooting Game 的缩写。

- RTS：指即时战略类项目，是 real-time strategy game 的缩写。
- TCG：指集换式卡牌类项目，是 trading card game 的缩写。

2.1.2 项目名称

电子竞技项目名称多以游戏英文名称或英文名称首字母作为简写，如英雄联盟为 LOL（即 league of legends），刀塔为 Dota 2。

2.1.3 队伍

队伍名称一般简写为地域 + 俱乐部简称。俱乐部简称多为字母，如北京微博电子竞技俱乐部王者荣耀分部简称为北京 WB。

2.2 比赛规则

- BP：指禁用和选择环节，是 ban/pick 的缩写。
- P/T：比赛中出现突发状况，参赛运动员需要暂停比赛时的表述，也用来描述比赛正处于暂停进行的阶段，是 pause/time 的缩写。
- BO：是 best of 的缩写，指比赛中胜者需要获得的局数，全称是 best of x，x 指比赛一共进行的局数。Bo3 就是三局两胜制。

2.3 比赛内描述性信息

- ADC：是普通攻击持续输出核心的简称，是一场游戏中伤害输出核心之一，是 attack damage carry/core 的缩写。
- AD：指物理伤害，是 attack damage 的缩写。
- AP：指法术伤害，是 attack power 的缩写。
- buff：指增益状态。在部分多人在线战术竞技类项目中，也用 buff 指代消灭后可获得增益的中立生物，如红 buff、蓝 buff。
- AOE：指范围性作用技能，是 area of effect 的缩写。
- ping：指在游戏内通过点击位置等方式向队友发出信号。
- CD：指冷却时间，是 cool down 的缩写。

- ECO：指经济局。
- counter：指阵容、英雄或装备等对敌方有一定克制效果，在格斗项目中特指破招。
- IMBA：指游戏内某一英雄、装备的技能或效果过于强悍、全面，远超同类，是 imbalanced 的简写。
- timing：指游戏内需要玩家把握的特定时机。
- poke：指通过发动远程攻击来消耗敌方角色的生命值。
- gank：指游戏中玩家组织 1 个或以上的队友对特定的某个对手或者某路进行游击抓人。

2.4 比赛内选手一般用语

- GG：表示认输，是 good game 的缩写。
- G：表示比赛准备开始，是 go 的缩写。
- lag：表示游戏卡顿、不流畅。
- GL：表示祝好运，是 good luck 的缩写。通常在比赛前用来表达对对手的祝福和鼓励。
- HF：表示玩得开心，是 have fun 的缩写。通常在比赛前用来表达对对手的尊重。
- OP：用来形容某角色或选手太强，甚至影响到游戏的平衡，是 overpowered 的缩写。
- TY：表示感谢，是 thank you 的缩写。

2.5 数据指标

2.5.1 比赛内数据指标

- KDA：指击败数与助攻数之和除以阵亡数的数值，用于评估选手当局表现。也有部分项目使用 KD，即击败数除以阵亡数。
- rating：指综合评级，综合评定选手当局表现。

- APM（GPM，XPM）：指每分钟操作次数（每分钟金钱获取量，每分钟经验获取量）。PM 是 per minute 的缩写，A 指 actions、G 指 gold、X 指 experience。
- DMG：指伤害量，是 damage 的缩写。

2.5.2 比赛外数据指标

- FPS：指画面每秒传输帧数，是 frames per second 的缩写。
- ping：指网络延迟值，单位是 ms（毫秒）。

3　电竞专业用语的常见错误使用和纠正方法

- "刀塔 2"：项目注册中文名称为"刀塔"，"刀塔 2"为错误用法。
- "王者荣耀（亚运版）""和平精英（亚运版）"：项目"王者荣耀亚运版本""和平精英亚运版本"为专有名词，"王者荣耀（亚运版）""和平精英（亚运版）"为错误用法。

附录二
比赛设备、装备技术规格

1 比赛设备技术规格

1.1 移动设备

1.1.1 移动设备技术要求

1.1.1.1 *屏幕刷新率*

比赛用移动设备屏幕刷新率应支持 60Hz、120Hz，同时应满足赛事主办方的相关要求。

1.1.1.2 *帧率*

比赛用移动设备的游戏帧率应支持 60fps、90fps、120fps 等。统计游戏对局的平均帧率，具体要求需符合表 1 的规定，同时应满足赛事主办方的相关要求（表 1）。

表 1 比赛用移动设备帧率要求

序号	游戏帧率	平均帧率
1	60fps	≥ 59fps
2	90fps	≥ 89fps
3	120fps	≥ 118fps

1.1.1.3 *卡顿率*

游戏卡顿率是卡顿时长在总时长的占比。比赛用移动设备应不高于

0.03%，同时应满足赛事主办方的相关要求。

1.1.1.4 屏幕亮度

比赛用移动设备在室内环境下的屏幕最高亮度应不小于 450nit。比赛用移动设备应支持亮度可调节。在游戏过程中应支持锁定亮度值，避免游戏过程中亮度突然发生变化，同时应满足赛事主办方的相关要求。

1.1.1.5 温升

在整个游戏过程中，赛事用机的表面最高温度应不超过 48℃，同时应满足赛事主办方的相关要求。

1.1.1.6 触控响应

比赛用移动设备游戏过程点击时延应不大于 70ms，滑动时延应不大于 170ms，同时应满足赛事主办方的相关要求。

1.1.1.7 续航能力

比赛用移动设备充电时间应不大于 1 小时，耗电速度应不大于 30% 每小时，同时应满足赛事主办方的相关要求。

1.1.2 移动设备比赛期间设置标准

- OTG：打开。
- 屏幕亮度：手动调节。
- 通知：关闭。
- 状态栏：关闭。
- 电池：均衡模式（非省电模式）。
- 引导式访问 / 游戏模式：开启。
- 防误触功能：开启。

1.2　PC 设备

1.2.1　PC 设备技术要求

在比赛设备测试过程中，要求所有比赛用 PC 设备均应该在比赛使用客户端以最高分辨率和全部图形特效运行过程中满足以下技术要求：

1.2.1.1　帧率

在任何条件下，比赛设备应该当满足不低于 120FPS 的帧率。

1.2.1.2　温度和散热

在比赛设备测试过程中，应评估比赛设备在空载和高负载过程中的 CPU 和 GPU 温度，在高负载状态下，CPU 核心温度不应超过 80°C，GPU 温度不应超过 85°C。

1.2.1.3　电源

比赛设备的电源应具备过压保护（OVP）、过流保护（OCP）、过温保护（OTP）的安全功能。同时，电源输出功率要大于硬件总功耗，且超过 30%。

1.2.1.4　系统稳定性

在比赛设备测试过程中，每天比赛设备的系统崩溃、蓝屏、死机等问题发生率应低于 0.3%。如稳定性低于该数值，需及时调换比赛设备。

1.2.1.5　兼容性

比赛设备应兼容所有比赛项目所使用的客户端，保障客户端运行所需的驱动、插件和其他软硬件设施。

1.2.1.6　接口

比赛设备应该满足比赛所需的所有输入输出设备（显示器、鼠标、键盘、耳机、网络等）接口。

1.2.2 系统安全性

比赛用计算机应当搭建符合竞赛游戏运行要求的操作系统，并安装好竞赛游戏客户端软件、裁判员监控软件，及赛事必须的相关软件，通过局域网或互联网连接到比赛服务器。

除了赛事组织方许可的运动员装备，以及比赛电脑设备所需的硬件、软件、配件外，不允许任何未经授权的外部设备连接到比赛设备的系统中。

1.2.3 数据安全性

除了比赛所需的游戏客户端数据传输、语音网络数据传输和赛事组织方允许的数据传输方式之外，应当关闭其他所有的无关传输端口。同时，赛事组织方应当对未授权的物理端口通过封条、设备锁等形式封闭。

1.3 通信耳机

通信耳机是用于运动员和运动员之间、运动员和教练员之间、运动员和裁判员之间通信的硬件设备。通信耳机应当由赛事组织方负责保障，经过裁判员团队检查后方可投入使用。计算机音频回放硬件应达到指定的音频回放性能，并提供一定程度上的空间定位增强效果。

通信耳机比赛期间设置标准：

- 头戴式，立体声，带麦克风。
- 声道：双声道 /5.1 声道 /7.1 声道。
- 支持双工通信。
- 支持卡侬接口，带有卡侬接口或 3.5mm 接口。
- 比赛内置白噪音（音量水平由裁判员根据场地决定）。

1.3.1 音频回放技术要求

1.3.1.1 声道数

音频回放硬件应提供大于或等于 5.1 声道的回放能力。

1.3.1.2 采样率与采样精度

音频回放硬件回放采样率应大于或等于 96kHz，音频回放硬件回放采样精度应大于或等于 24 位。

1.3.1.3 信噪比

音频回放硬件回放信噪比应大于或等于 110dB。

1.3.2 空间定位增强技术要求

1.3.2.1 环境声场

音频回放硬件应具有 HOA 重建能力。

1.3.2.2 调校优化

音频回放硬件应具有音频滤波器调节能力，用以补偿和调整播放设备（典型情况下为耳机）的非线性特质、频率响应曲线及听觉音调的一致平衡性。

1.3.2.3 个性化

音频回放硬件应支持基于 HRTF 的个性化调节能力。

1.4 显示器设备

比赛用显示器设备应当参考以下性能参数（表 2）。

表 2 比赛用显示器设备性能指标参考

设备	最低配置	推荐配置
尺寸形态	24 寸，IPS 或 TN 屏幕	24 寸，IPS 或 TN 屏幕
电源额定功率	150W	400W
分辨率	1080p	2K
屏幕刷新率	144 Hz	240 Hz
屏幕色彩	广色域	广色域

1.4.1 显示设备技术要求

1.4.1.1 尺寸、固有分辨率及色数

电竞比赛的显示器对角线尺寸应为 62~68.5 厘米（或 24.5~27 英寸），固有分辨率应大于或等于 1920px x 1080px，显示色数应大于或等于 16777216 色。

1.4.1.2 刷新频率

显示器画面显示的实际刷新频率应与输入信号相同，不能有丢帧现象。

显示器支持的刷新频率范围不应超出显示屏标称的规格，如显示屏超频使用，需要有液晶屏原厂规格许可。

1.4.1.3 最高刷新频率

显示器在固有分辨率下，最高刷新频率应大于或等于 144Hz。

1.4.1.4 亮度及静态对比度

显示器最大亮度应大于或等于 250cd/m^2，静态对比度应大于或等于 1000:1。

1.4.1.5 可视角度

显示器可视角度应大于或等于 170°/160°（CR>10）。

1.4.1.6 响应时间

显示器灰阶响应时间应小于或等于 5ms。若支持 MPRT 功能，则 MPRT 应小于或等于 1ms。

灰阶响应时间应采用 16 灰阶测试、所有不同等级灰阶之间切换时间的平均值，以毫秒为单位，取整数值。

MPRT 应采用运动图像进行测试，以毫秒为单位，实际标注为最小值，取整数值。

1.4.1.7 显示接口

中小屏幕显示器显示接口应支持 DisplayPort1.2 及以上标准，或其他同等传输速率的接口标准。

中小屏幕显示器需附有 DisplayPort 信号线或其他信号线。

1.4.1.8 色彩精准度

显示器色彩精准度 △ E 平均值应小于或等于 3。

1.4.1.9 同步

显示器应支持 Adaptive-Sync 或等效同步协议标准。

1.4.1.10 驱动程序

显示器应有驱动程序，且驱动程序应支持运行比赛游戏的操作系统。

1.4.1.11 输入延迟

显示器画面显示与信号输入的延迟时间应小于或等于 5ms。

1.4.1.12 高度调整

显示器应具有可升降支架，升降支架高度调整范围应大于或等于 110mm。

1.4.1.13 屏幕曲率

显示器屏幕应当平整、无曲率。

如受生产工艺等影响，必须使用曲面屏时，可使用曲率在 1000R~2500R 的曲面屏。

1.4.2 显示器设备比赛期间设置标准

- 屏幕分辨率：2K。
- 屏幕刷新率：144Hz。
- 屏幕 HDR：关闭。

1.5 附加设备

1.5.1 多功能拓展坞

比赛用移动设备应支持拓展坞，主要包括对 Type-C 网卡、音频输出、充电、数字音视频接口等的支持。

- 设备供电：POE (Power Over Ethernet) 以太网线供电。
- 信号输出：游戏音（3.5mm 音频接口）、视频信号（HDMI-4K）。
- 信号输入：以太网、120W Type-C 电源。

1.5.2 OTG 延长线

延长拓展坞与赛事手机的连接端，设计应保障运动员的手感与连接端口的固定。

2 运动员装备技术规格（2023 年）

2.1 鼠标

鼠标设置标准：

- 连接方式：USB、LightSpeed 或蓝牙，其他连接方式需技术官员确认。
- （无线鼠标）电池：大于 50%。
- 宏：禁止使用。

2.2 键盘

比赛用键盘配置参考以下项目（表 3）。

表 3 比赛用键盘配置参考

键盘	最低配置	推荐配置
键盘类型	机械键盘	机械键盘

续表

键盘	最低配置	推荐配置
键轴类型	段落轴或线性轴	段落轴或线性轴
键位冲突	核心操作区 20+ 键位无冲突	全键位无冲突
键位数量	87 键，额外键位需检查宏	104 键，额外键位需检查宏

键盘设置标准：

- 连接方式：USB，Lightspeed 或蓝牙，其他连接方式需技术官员确认。

- （无线键盘）电池：大于 50%。

- 宏：禁止使用。

2.3 鼠标垫

鼠标垫是为帮助鼠标能更准确地发挥光电效能而配备的辅助装备。鼠标垫的构造和材质不应有任何电子配件、电子干扰功能（包括充电、无线充电或数据传输功能）。鼠标垫长度应为 200mm~1000mm，宽度应为 170mm~400mm，厚度应为 1.5mm~3mm。

2.4 控制器

控制器设置标准：

- 连接方式：USB（含 Type-C USB）、红外或蓝牙，其他连接方式需技术官员确认。

- 振动：允许使用。

- （无线控制器）电池：大于 80%。

- 宏：禁止使用。

- 拨片：在作为宏功能时禁止使用。

3 裁判员和技术台装备技术规格（2023 年）

3.1 裁判员装备

裁判员具体装备内容如表 4 所示。

表 4 裁判员装备参考

装备名	基本要求	参考参数	参考装备用品
计时器	可满足比赛内多个阶段的计时或倒计时需求	精度：精确至毫秒 范围：能连续记录超过 4 小时的时间信息	秒表、手表
记录板	可满足裁判员、运动员和队伍官员在台上填表需求	尺寸：不小于 A4	硬质记录板
警告牌	可在暗场环境下清晰展示为黄色的卡片	长度：100~130mm 宽度：70~90mm 厚度：0.8~5mm 颜色：黄色或荧光黄	黄牌、黄色 LED 板
罚离牌	可在暗场环境下清晰展示为红色的卡片	同警告牌，颜色为红色	红牌、红色 LED 板
观战用机	可满足裁判员进入客户端内观战的需求	性能不低于比赛用机	PC、手机、模拟器
内部通信耳麦	可满足裁判员、技术台之间的通信需求	范围：能接收超过半径 30m 范围内的通信 失真率：不低于 10% 信噪比：不低于 40dB 续航：能连续使用超 4 小时	无线电对讲机、网络通信软件
暂停提示牌	可满足提醒比赛场地内所有人"需要暂停"的需求	尺寸：不小于 A4 颜色：白色 信息：黑色字"T"	亚克力板、LED 板
换人提示牌	可满足提醒比赛场地内所有人"需要换人"的需求	尺寸、颜色同暂停提示牌 信息：黑色字"⇆"	亚克力板、LED 板

续表

装备名	基本要求	参考参数	参考装备用品
信号旗	可帮助裁判员的手势在暗场中更加明显	旗长度：350~400mm 旗宽度：300~350mm 杆长度：450~550mm 旗面颜色：浅绿色、荧光绿色	手旗

3.2 技术台装备

技术台装备具体内容如表 5 所示。

表 5 技术台装备参考

装备名	基本要求	参考参数	参考装备用品
观战用机	同裁判员观战用机		
即时回放装备	满足	回放时长：不低于 60 秒 慢放：支持	电竞鹰眼
计时器	同裁判员计时器	秒表、电子钟	
当前时钟	查看当地标准时间	时间误差小于 10 秒	时钟、电子钟
内部通信设备	同裁判员内部通信耳麦		
通信监听设备	可清晰监听运动员、队伍官员之间的通信	同裁判员内部通信耳麦需能支持保存监听录音	监听耳麦及配套硬件和软件
计时示意牌	可清晰提醒当前环节的剩余时间	尺寸、颜色同暂停提示牌 信息：黑色字"1分""5分""10秒""30秒"	亚克力板、LED 板

3.3 即时回放装备

当客户端程序内部已经配备了即时回放功能,且该功能不会影响游戏正常进程,并可以被技术员在比赛中使用时,技术员可直接使用该功能;否则,技术员应当使用视频即时回放设备进行回放查看。

回放的内容必须是本场比赛已经发生的事实,无论该事实有没有被呈现出来。技术员应当在主裁判的监督下完成相关工作。

附录三
杭州 2022 年亚运会电子竞技项目单项规则

1　技术官员的职责

国际和国内技术官员具体职责详见亚洲电子体育联合会（Asian Electronic Sports Federation 缩写，AESF，简称亚电体联，以下用 AESF 指代）提供的职责分工。

2　竞赛组织和方法

2.1　参赛资格

只有亚奥理事会成员的各国家（地区）奥委会才有资格选派运动员参赛。只有符合亚奥理事会章程和规则及其细则的运动员才有资格参赛。运动员以所属国家或地区的奥委会为单位组成代表队参赛。

2.2　竞赛项目及版本

参照杭州亚运会电子竞技项目竞赛技术手册。

2.3　竞赛项目软件语言

各项目统一使用英文语言界面进行比赛。

2.4　竞赛形式

参照杭州亚运会电子竞技项目竞赛技术手册。

2.5 首发名单的提交

在小组循环赛阶段的首场比赛，以及淘汰赛阶段的每一场比赛前，参赛队伍需提交首发名单。小组循环赛阶段提交名单的时间为比赛日前一天 18:00 前；淘汰赛阶段提交名单的时间为上一场比赛结束后 30 分钟内。

2.6 选边

双方队伍通过抛硬币的方式争夺选边权。第一局比赛开始前，裁判员会让双方选择抛出的硬币正反面，猜对的一方具有优先选边权。后续比赛选边权详见各项目单项规则。

3 外置器材的申报及管理

3.1 器材申报

运动员在比赛中所使用的全部外置器材及辅助器材须在赛前进行书面申报，申报时间不得晚于 2023 年 9 月 22 日 12:00。申报内容包括：运动员姓名、参赛项目、器材种类和数量、生产商及型号。申报表格以代表队为单位，每名运动员建议申报 2 套比赛器材，未申报及检验的器材将不被允许使用。

3.2 器材检验

各代表队书面申报的器材，须于 2023 年 9 月 22 日 18:00 前交至检录处，进行反作弊检验。检验不合格的器材将通知代表队，代表队可以作出如下决定：更换比赛器材、放弃使用检验不合格器材、使用竞赛组织的备用器材、放弃比赛。指套可不上交检验，但仍然需要进行申报。

3.3 器材保管

检验合格的器材将由竞赛组织进行封存保管，直至运动员结束全部比赛。全部比赛结束后，以代表队为单位从检录处领取申报器材。

比赛开始前,志愿者将封存的竞赛器材箱运至赛场,运动员可以自行取出,并按照竞赛规则进行赛前设备调试。比赛结束后,运动员须将全部器材拔出,归还至封存箱,由志愿者统一交回检录处封存。

王者荣耀亚运版本 单项规则

1　运动员和队伍官员

1.1　运动员人数

王者荣耀亚运版本是团队项目，一场比赛由 2 个参赛方队伍组成，双方队伍各派 5 名运动员出场。

1.2　运动员游戏名称

运动员游戏内名称在使用前必须得到赛事组织方的许可。

1.3　替补运动员

每个参赛方可以申报 1 名替补运动员。

1.4　比赛最低人数

当比赛开始后，一方场上人数持续低于 5 人时，认为该方低于比赛最低人数要求。

1.5　队伍官员

每个参赛方应申报至少 1 名队伍官员，即至少包括 1 名教练员。

当教练员无法履行职能时，可以于赛前指派另一名队伍官员替代；若无队伍官员，则由队长替代。

2 比赛条件

2.1 比赛设备

王者荣耀亚运版本采用移动端比赛，手机为载体并提供竞赛画面信息，不得使用平板电脑、模拟器。

2.2 比赛版本

王者荣耀亚运版本将在赛事组织方指定的版本和服务器上进行。赛事组织方有权决定是否更改比赛版本。

2.3 比赛房间设置

地图：王者峡谷。

模式：征召模式。

3 比赛进行流程

3.1 选边

第一局裁判员令两队队长选择他抛出的硬币正反面，规定猜对的一方具有优先选边权，并应当立即告知裁判员；第二局比赛开始，红、蓝方每局互换 1 次，直至比赛结束。

超时未告知裁判员选边结果，将被视作放弃选边权。选边将通过掷硬币方式决定。

3.2 赛前准备

3.2.1 座位顺序

运动员应按照首发名单所对应的对战席座次入座：

- 单面对战席将按照对称原则入座。对战席左侧从左到右分别为对抗路、打野、中路、发育路、游走；对战席右侧从左到右分别为游走、发育路、中路、打野、对抗路。
- 四面对战席将按照中心对称原则入座。顺序均为对抗路、打野、中路、发育路、游走。

进入比赛房间后，房间内座次顺序应为：
- 蓝方在房间第一排，红方在房间第二排。
- 双方从左到右分别是：对抗路、打野、中路、发育路、游走。

未按照对战席座次入座的，应由裁判员予以提醒和调整。拒绝调整座次的，并在比赛开始后仍位于错误的座次的，裁判员应允许比赛继续，但要警告所有坐错位置的运动员，并在当局比赛结束后调回正确的位置。

3.2.2 赛前调试

所有运动员（含替换上场的运动员）进入比赛对战席后，拥有若干分钟的调试时间（由赛事组委会确定）。运动员应在调试时间内确认客户端设置、比赛设备设置、操作界面和各类预配置内容是否就绪。调试时间到时应立即遵从裁判员指令加入比赛房间。违规拖延相关流程将被视作故意拖延比赛。

3.3 比赛开始

在裁判员宣布开始后，允许进入英雄的禁用和选择阶段。

3.3.1 禁用和选择

3.3.1.1 *场外指导*

双方队伍进行本局比赛中对方队伍英雄的禁用和本队英雄的选择，教练员（场外指导者）将代表队伍对英雄的禁用和选择作出决定。

选择蓝方的队伍优先开始禁用和选择程序，并由蓝方和红方队伍交替进行。

3.3.1.2 禁用和选择记录

有效的英雄禁用和英雄选择需要在裁判员监督下进行,并记录在成绩记录单中,已记录的英雄禁用和选择名单,将作为受控重赛的初始设置。

如果队伍出现错误的英雄选择或者禁用,比赛将继续进行;如果运动员错误选择了禁用池内的英雄,比赛将暂停,该运动员应当被警告,并基于有效的英雄禁用和选择记录进行受控重赛。

如果因为环境、设备故障或其他无关因素/中立因素导致出现选择/禁用英雄超时时,比赛应当暂停,并基于有效的英雄禁用和选择记录进行受控重赛。

如果由于英雄 bug 导致游戏需要重赛时,之前的禁用和选择将不再保留,使用标准重赛恢复比赛。赛事组委会有权决定是否将此英雄在 bug 修复前的其余比赛中被禁用。

3.3.1.3 禁用和选择顺序

禁用和选择的程序如下:

- 禁用阶段:在一局比赛中,双方各有 3 次英雄禁用机会,双方队伍须交替依次完成该轮禁用位选择,每队每次可禁用 1 名英雄。每个禁用位的选择时间为 30 秒;如果无法在 30 秒内完成英雄的禁用,视为放弃本轮英雄禁用的机会,由对方继续进行禁用决定。直至双方均使用完 3 次英雄禁用机会。

- 选择阶段:在英雄禁用结束后,双方队伍进行英雄的选择。在一局比赛中,双方可以各有 5 次选择英雄的机会,可选择禁用位以外的英雄进行比赛,双方队伍须交替依次完成英雄选择,顺序是:蓝方选择 1 次、红方选择 2 次、蓝方选择 2 次、红方选择 2 次、蓝方选择 2 次、红方选择 1 次。每名英雄的选择时间为 30 秒;如果无法在 30 秒内完成英雄的选择,系统将随机分配 1 名英雄代替手动选择,之后由对方进行英雄选择,直至双方完成 5 名英雄的选择。

3.3.2 英雄互换

双方英雄禁用和选择阶段结束后,将有 30 秒进行队内英雄的互换、召唤师技能及铭文的选择。30 秒后系统将自动进入英雄的载入，10 名英雄全部载入完成后，正式进入比赛的回合阶段。在此时如果出现选择错误，比赛将继续进行。

3.4　比赛暂停

3.4.1　突发情况

比赛暂停是指在一局比赛中出现突发情况时，由运动员发起申请，经过裁判员确认后暂时暂停比赛。

出现以下情况时运动员可以申请比赛暂停：

- 网络波动：游戏内网络出现 ping 值跳黄（ping 值 ≥ 100ms）且时间持续 2 秒以上。
- 网络断开：游戏内网络出现 ping 值跳红（ping 值 ≥ 460ms）或断开连接的提示。
- 设备异常：包括比赛设备断触、设备掉帧（帧率低于 59fps）。
- 音频异常：包括但不限于游戏音断开、游戏音剧增或骤减、游戏音断触、耳机单声道现象持续时间超过 10 秒、内部语音通话系统故障等。
- 其他裁判员许可的原因。

3.4.2　意外断开

以下情况属于意外断开：

- 由于设备故障导致 1 名运动员无法正常比赛或断开游戏连接。
- 由于服务器崩溃导致所有运动员断开游戏连接。
- 游戏 bug：发生影响竞技公平性的客户端 bug 或英雄 bug。
- 外界干扰：运动员受到比赛无关人员的干扰时。

3.4.3　比赛暂停程序

运动员申请暂停时，须做出"T"手势，并保持双手离开比赛设备。

经裁判员核实后，符合比赛暂停的情况，比赛进入暂停状态。

经裁判员核实后，不符合暂停申请条件的，视为擅自暂停游戏或使用欺骗手段致使比赛进入暂停，裁判员最高将对该犯规运动员处以警告。

暂停期间，队伍官员不得进行指导、通信、提供信息、进入对战席。运动员彼此之间在比赛暂停时间 5 分钟以内严禁交流及做沟通手势等动作，此时仅允许 1 名运动员与裁判员进行交流，目的是寻找或解决导致暂停的原因。若出现违规沟通交流的情况，裁判员将对违规人员最高处以警告；若构成其他犯规或违例，同样会受到相应处罚。

3.5 比赛恢复

运动员不得擅自或恶意解除暂停状态，必须经过裁判员批准。

3.5.1 非对抗状态的比赛恢复

在没有对比赛公平性产生影响的情况下，在排除网络、比赛设备、器材故障后，裁判员可宣布比赛恢复。

3.5.2 "对抗暂停"的比赛恢复

对抗暂停指在裁判员批准暂停后，双方正处于对抗阶段，比赛恢复须遵守如下步骤：

- 裁判员宣布游戏暂停临时解除。
- 暂停解除后，双方运动员立刻停止对抗行为，并全队退回至安全区域。
- 比赛再次暂停，并明确确认双方运动员已经是非对抗状态。
- 裁判员宣布比赛正式恢复进行。
- 若经判断，过程中有人为破坏比赛公平或恶意暂停的行为，裁判员将警告相关人员；如果构成其他犯规或违例，将按最严重的处罚进行。

4 比赛胜利和计分排名

4.1 获胜

4.1.1 局获胜

在一局比赛中,一方队伍可通过以下方式获胜:

- 完成最终目标,摧毁对方水晶。
- 迫使对方投降。
- 对方队伍被直接判负或取消资格。

4.1.2 场获胜

一场比赛将通过下列方式之一产生获胜方:

- 先取得超过总局数半数以上的胜利的队伍,获得该场比赛胜利。
- 对方队伍全场比赛弃权。
- 对方队伍被当场判负。

4.2 判定获胜

如果极端情况发生在一局比赛开启 10 分钟后(≥ 10 分钟),且短期内无法解决问题,裁判应当停止比赛,按游戏局内积分点作出胜负决定。该积分规则为:

- 按每一击杀人数得 1 分。
- 按破塔位置和数量计分,破一塔每破一次得 3 分,破二塔每破一次得 4 分,破高地塔每破一次得 5 分,3 个高地塔全破额外加 6 分。
- 按双方经济差计分,每 1000 经济差距得 1 分。

计算双方分数总和,积分较高者胜;若最终双方积分数相同,由裁判员判定进行受控重赛或标准重赛。

4.3 计分规则

4.3.1 计分排名规则

每获胜 1 局比赛积 1 小分。

每获胜 1 场比赛积 1 大分，输方积 0 分，直至该阶段所有轮次结束。

4.3.2 判负和弃权计分规则

一支队伍被当局判负，其对手队伍因满足局胜利条件,故获得 1 小分。

一支队伍被当场判负，则进行中的小局比赛也会被连带判负，其对手队伍将获得 1 个大分，小分以该场比赛胜利所需得分计算。被当场判负的队伍保留已获得的小分成绩。

一支队伍全场弃权，其对手队伍将获得 1 个大分，小分以该场比赛胜利所需得分计算。弃权的队伍不保留任何成绩。

4.3.3 分数相同规则

若两队或两队以上同分，则采用以下次序进行名次判定：

- 若两队平分，根据胜负关系判定名次。
- 若三队平分且胜负关系相同，或两队平分胜负关系相同，则比较平分队伍在小组赛所有比赛中的获胜平均时长，时长短者名次列前。
- 若获胜时长相同，则比较该轮中队伍的总推塔数，推塔数高的队伍排名优先。
- 若总推塔数相同，则比较该轮中队伍的总击杀数，击杀数高的队伍排名优先。
- 若总击杀数相同，则比较该轮中队伍的总经济数，总经济数高的队伍排名优先。
- 如果仍不能产生排名，至多进行一轮单局加赛。

5 技术判罚

5.1 时之波动

"时之波动"是一种用于消除影响的比赛回流机制。

因网络和比赛设备故障或恶意取消暂停，导致双方队伍对抗中确实造成一方处于较大劣势，运动员或场外指导者可向裁判员申请启用"时之波动"进行比赛恢复。

裁判员将通过技术回放，判定问题发生的时间点，并将客户端比赛进程"时光回溯"到相应时间点，双方就位后，裁判员宣布比赛恢复。

裁判员评估比赛是否应启用"时之波动"时，应当考虑以下要素：

- 故障原因和恢复后果是否导致了优势方转换。
- 故障原因和恢复后果是否导致了英雄意外被击杀。
- 故障原因和恢复后果是否导致了防御塔意外被摧毁或意外未被摧毁。
- 故障原因和恢复后果是否导致了重要中立资源争夺发生变化。
- 故障原因和恢复后果是否使优势方失去了明显扩大优势的机会。

5.2 重赛

5.2.1 受控重赛的情形

比赛符合以下条件，可以进行受控重赛：

- 由于设备、网络或不可抗力的原因导致禁用和选择环节出现错误，可维持事故发生前的双方的禁用和选择记录，进行受控重赛。
- 如果极端情况发生在一局比赛开启 10 分钟内（＜ 10 分钟），由裁判员决定是否维持双方的禁用和选择记录、铭文及技能选择进行受控重赛。

5.2.2 标准重赛的情形

比赛符合以下条件，可以进行标准重赛：

- 在比赛期间，如果游戏发生了严重 bug，严重损害运动员在游戏当中的竞技能力，导致游戏数据或者游戏机制出现了显著变化，或者因外部原因导致比赛无法继续的，可以进行标准重赛。

- 由于英雄 bug 导致游戏需要重赛时，使用标准重赛恢复比赛。此英雄在 bug 修复前的其余比赛中被禁用。

5.2.3 无法比赛回流

当"时之波动"和客户端"时光回溯"功能不可用的条件下，由裁判员判定进行受控重赛或标准重赛。

6 器材

6.1 比赛设备

运动员应遵守下述客户端设置要求。如果运动员错误地进行了客户端设置，裁判员应允许比赛继续，最高可以警告违规运动员，并要求其在下一次比赛暂停时修改为正确的设置。

- 图像分辨率：图像总质量禁止使用"极致"。

- 图像帧率：禁止使用"极高"（120fps）。

- 客户端内各类音效必须开启并将音量调至"最大"，包括游戏音乐、游戏音效、英雄语音、播报语音。

- 客户端内语音聊天相关所有设置禁止打开。

- 功能隐私：隐私权限内"战绩显示"调至"开启""允许观战"调至"关闭"。

- 聊天功能：禁止使用客户端内聊天功能中的"所有人"频道。

6.2 运动员装备

王者荣耀亚运版本项目中，运动员将禁止使用指套。如果赛事组织方允许使用滑石粉，则滑石粉仅允许在每局比赛赛前涂抹。违反本条将会被告诫，故意违反将会被警告。

运动员不得使用赛事组织方提供的比赛通信设备以外的任何软件或硬件进行通信，否则将视作非法获取比赛信息。

FIFA Online 4 单项规则

1 运动员和队伍官员

1.1 运动员人数

FIFA Online 4 是个人项目，一场比赛由 2 支参赛队伍组成，每支队伍有 1 名运动员。

1.2 运动员游戏名称

运动员游戏名称在使用前必须得到赛事组织方的许可。

1.3 队伍官员

每个参赛方应申报至少 1 名队伍官员，即至少包括 1 名教练员。

当教练员无法履行职能时，可以于赛前指派另一名队伍官员替代。

2 比赛条件

2.1 比赛设备

FIFA Online 4 使用台式电脑为载体，通过显示器提供竞赛画面信息。

2.2 比赛版本

FIFA Online 4 项目将会在赛事组织方指定版本和服务器上进行。赛事组织方有权决定是否更改比赛版本。

2.3 比赛房间设置

- 比赛模式：代表队－娱乐模式－传统模式。
- 球场：默认。
- 天气：白天。
- 比赛时间：90 分钟。
- 加时赛和点球大战：开启。
- 受伤：开启。
- 不公平比赛判罚系统：开启。

2.4 球员限制

运动员所拥有的虚拟球员，应当是赛前"球员选秀"程序中选拔出来的球员和其对应的虚拟赛季，不得擅自使用其他球员。相关虚拟赛季球员对应等级限制如下；赛事组织方有权修改赛季和等级限制（表1）。

表1　虚拟赛季球员等级限制

球员虚拟赛季	强化等级	球员等级
ICON	5	5
23TOTY	4	5
23TOTYN	5	5
BWC	5	5
WC22	5	5
LN	6	5
FA	6	5
LOL	6	5
22TOTS	5	5
22NG	7	5
22HR	6	5

续表

球员虚拟赛季	强化等级	球员等级
BTB	6	5
CAP	6	5
E21	6	5
EBS	6	5
22UCL	6	5
UP	6	5
MC	6	5
VTR	6	5
MOG	6	5
LH	6	5
HOT	7	5
COC	7	5
TC	7	5
OTW	7	5
GR	7	5
TT	8	5
NHD	8	5
TB	8	5
LIVESEASON	10	5

违反本条的运动员将构成违规使用球员犯规，进行中的比赛当局判负；如果双方均使用了违规球员，则该局比赛无效，进行标准重赛。

2.5 比赛阵容配置

运动员禁止在任何时候确认使用 5 名及更多名后卫球员，或 5 名及更多名前锋球员组成阵容，包括在首发阵容和比赛中变阵。

运动员的生效阵容球员工资总数不得超过赛事组织方规定的工资限

制（即"工资帽"），包括在比赛中更换替补球员后也需要遵守本要求。

运动员禁止在阵容中使用助教功能。

违反本条将构成球队阵容配置违规。

3　比赛进行流程

3.1　选边

选边权指运动员优先选择主场/客场的权利。

首局比赛裁判员会让两队队长选择他抛出的硬币正反面，规定猜对的一方具有优先选边权，并立即告诉裁判员选边结果；第二局比赛开始，主客场进行交替互换，直至比赛结束。

超时未告知选边结果的，将通过掷硬币的方式随机指定主客场。

3.2　赛前规则

3.2.1　球队选择

在一局比赛开始前，运动员进行本局比赛中球队的选择；在一局比赛中，双方可以选择相同球队进行比赛，但无论是否为同一球队，双方球衣颜色需要明确区分。使用未经裁判员许可的球衣，将予以警告，比赛继续，并在下一局比赛更换符合比赛标准的球衣。

3.2.2　赛前确认

裁判员将在赛前确认运动员的球员、阵容、球队配置是否符合要求，并确认运动员是否准备就绪。运动员应对其内容负责。

3.3　比赛开始

主裁判点击开始比赛后，正式进入比赛常规赛上半场阶段。常规赛下半场、加时赛上半场和下半场、罚点球决胜的开启时间无须由裁判员决定。

如果运动员想在非暂停期间完成球员调整，可使用客户端内的快速战术系统，该过程无须向裁判员报告，但裁判员有义务监督全过程。快速战术系统的命名不得出现任何违规内容，否则运动员将会被处罚，处罚力度视违规内容严重程度而定，最高可直接罚离出场。

3.4 比赛暂停

3.4.1 游戏战术暂停

运动员在一局比赛中，使用 FIFA Online 4 客户端内的暂停功能，调整球员、调整比赛战术、修改客户端设置，这些行为是 FIFA Online 4 比赛对抗的一部分，不会被视作"比赛暂停"。

3.4.2 比赛暂停

仅有裁判员有权宣布比赛暂停。比赛暂停时长超过 30 秒（客户端限制）后，仍需要继续该局比赛时，裁判员应当通过受控重赛恢复比赛，维持比赛的时长和对应比分后，重新进行比赛。在该情况下，球员状态将会被视作可忽略的影响项。

出现以下情况时运动员可以申请比赛暂停，运动员申请暂停时，须做出"T"手势，并保持双手离开比赛设备。

- 网络波动：游戏内网络出现 Ping 值 ≥ 16ms 或浮动值 ≥ 8ms。
- 网络断开：游戏内网络出现 Ping 值 ≥ 999ms 或断开连接的提示。
- 意外断开。

出现以下情况被认为属于意外断开：

- 由于设备、装备故障导致 1 名运动员无法正常比赛或断开游戏连接。
- 由于服务器崩溃导致所有运动员断开游戏连接。
- 游戏 bug：发生影响竞技公平性的客户端 bug 或球员 bug。
- 外界干扰：运动员受到比赛无关人员的干扰时

经裁判员核实后，符合比赛暂停的情况，比赛进入暂停状态；经裁判员核实后，不符合暂停申请条件的，视为擅自暂停游戏或使用欺骗手段致使比赛进入暂停，裁判员有权对违规运动员最高处以警告。

如果上述导致暂停的状况轻微、短暂，未对比赛造成严重影响，裁判员可以暂停 30 秒后继续比赛，而不执行受控重赛。

4　比赛胜利和计分排名

4.1　获胜

4.1.1　单局获胜条件

一局比赛将通过下列方式之一产生获胜方：

- 游戏内上、下半场的常规时间内，进球数更多。
- 在常规时间游戏结果为平局时，游戏内上、下半场的加时赛时间内，进球数更多。
- 在常规时间和加时赛均为平局时，游戏内罚点球决胜中胜出。
- 对方在一局比赛中扣除了 12 个公平竞赛分。
- 对方被当局判负。

4.1.2　单场获胜条件

一场比赛将通过下列方式之一产生获胜方：

- 一方取胜局数占了本场比赛总局数中的大部分或全部。
- 对方全场比赛弃权。
- 对方被当场判负。

4.2　特殊判负规则

如果运动员操控球员持续在本方半场传球，不发起进攻，会被客户端判定后场倒脚违规，被扣除 4 个公平竞赛积分。罚分也会导致扣除公平竞赛积分。一局比赛被扣除 12 个公平竞赛积分将会导致该局比赛被判负。

如果一局比赛一方场上球员低于 7 人时，该局比赛会被自动判负。

如果一局比赛中一方出现了故意的乌龙球，该运动员最高可被处以罚离出场的个人处罚，且该方会被处以当场判负。

4.3 计分规则

4.3.1 计分排名规则

一方在常规赛和加时赛阶段每获得一个进球，计为 1 个进球数；每被对方进一个球，计为 1 个失球数。此统计包括常规赛和加时赛的点球进球，但不包括罚点球决胜期间的进球。

一方每获得一个局胜利，计为获得 1 小分。

一方每获得一个场胜利，计为获得 1 大分。

4.3.2 判负和弃权计分规则

一方被当局判负，对方因满足局胜利条件，进球数按 3:0 计算；故该方计 3 个失球数，对方计 1 小分和 3 个进球数。

一方被当场判负，则进行中的小局比赛也会被连带判负。已完成的小局比赛按实际得分和进球数记录，在此基础上，其对手队伍将获得 1 个大分。对方获得的小分和进球数以该场比赛胜利所需得分计算。当场判负方未进行的本场剩余局次比赛按对方 3:0 胜利计算得分。

如果一方因为弃权而导致全场判负，该方不保留任何成绩，对方所有小局比赛都计为 3:0 胜利。

4.3.3 分数相同规则

当出现双方积分相同的情况时，会先考量该双方的相互交战记录，相互对战纪录中胜场较多的队伍将获得更高排名。

当出现三方或更多参赛方积分相同的情况时，将会根据以下情况，按 A 到 F 的优先级依次判定：

(A) 优先考量积分相同的参赛方之间的相互对战纪录，相互对战纪录中小局胜局较多的参赛方将获得更高排名。

(B) 如果相互对战记录相同，则会比较所有平局方的总净胜局（小局场减去小局败场），总净胜局较多的参赛方将获得更高的排名。

(C) 如果所有平局方的总净胜局也相同，则会比较所有平局方的总净胜球数（总进球数减去总失球数），总净胜球数较多的参赛方将获得更高的排名。

(D) 如果所有平局方的总净胜球数也相同，则平局参赛方会按照加赛规则进行加赛；如果无法加赛的，将比较所有平局方的总进球数，总进球数较多的参赛方将获得更高的排名。

(E) 如果所有平局方的总进球数也相同，将比较所有平局参赛方所有比赛中的公平竞赛罚分数（游戏内红黄牌处罚次数，每张红牌 +2 分，每张黄牌 +1 分，每次后场倒脚非公平竞赛罚分 +4 分）。公平竞赛罚分数较低的参赛方将获得更高的排名。

(F) 如果所有平局方的公平竞赛罚分数也相同，则抽签决定排名。

5 技术判罚

5.1 重赛情形

5.1.1 受控重赛情形

比赛发生暂停，裁判员核实暂停原因符合暂停原则，且可以通过受控重赛恢复比赛平衡的情况下，则进行受控重赛。受控重赛前已确认的球员等选择保持不变。

如果该局比赛已经发生了进球，且违规的运动员该局得分落后对手、比赛没有被判负时，比赛应当进行受控重赛，受控重赛时应当去掉违规运动员该局比赛的所有进球得分。

5.1.2 标准重赛情形

比赛符合以下条件，可以进行标准重赛：

在比赛期间，如果游戏发生了严重 bug，严重损害运动员在游戏当中的竞技能力，导致游戏数据或者游戏机制出现了显著变化，或者因外部原因导致比赛无法继续的，可以进行标准重赛。

由于球员 bug 导致游戏需要重赛时，使用标准重赛恢复比赛。此球员在 bug 修复前的其余比赛中被禁用。

当局比赛还未发生进球，或违规的运动员已经进球且该局得分领先对手或为平局时，且比赛没有被判负时，比赛应当进行标准重赛。

5.2 罚分情形

运动员违反球员规定、阵容规定、球衣规定的，或故意阻挡守门员发球的均构成技术犯规。技术犯规将根据比赛影响程度给予个人处罚，并处罚分的技术判罚。

运动员在比赛中控制球员故意干扰对方守门员的发球，裁判员将要求运动员立即停止故意干扰行为，并予以警告，并视影响程度处以罚分。

在 FIFA Online 4 中，罚分可以是：扣除公平竞赛分、去掉进球数、去掉小分。

运动员行为对比赛影响程度需考虑以下因素：

- 该行为是否导致犯规方竞技能力显著提升。
- 该行为是否是蓄意的。
- 该行为的结果是否是可预见的。
- 该行为是否导致对抗优势发生转变。

6 器材

6.1 比赛设备

未经裁判员允许，运动员不得调整显示器"亮度"以外的任何设置。裁判员应提前告知这一点，如果运动员仍然违规调整显示器设置，则应当被警告。

6.2 运动员装备

FIFA Online 4 运动员可以使用键盘、鼠标或游戏手柄进行比赛。

键盘、鼠标允许使用蓝牙连接的无线装备,但应当通过裁判员检查,并应在裁判员监督下接入比赛网络环境,装备才能被允许使用。

游戏手柄必须使用有线连接的控制器。不允许使用无线连接手柄,也不允许运动员自带耳机和其他通信设备。

街霸 V 单项规则

1　运动员和队伍官员

1.1　运动员

街霸 V 是单人项目,每方仅有 1 名运动员参赛。

本小节其余条款参考电子竞技竞赛规则通则执行。

1.2　替补运动员和替补程序

鉴于街霸 V 是单人项目,不设替补运动员和替补程序。

本小节其余条款参考电子竞技竞赛规则通则执行。

1.3　队伍官员

本小节其余条款参考电子竞技竞赛规则通则执行。

2　技术官员

本节条款参考电子竞技竞赛规则通则执行。

3　比赛进行流程

3.1　比赛环节

本小节条款参考电子竞技竞赛规则通则执行。

3.2 比赛开始

裁判员使用**街霸** V 客户端建立个人自定义房间，邀请竞赛双方进行标准模式的比赛。裁判员建立的房间需符合以下参数，否则应当立即暂停比赛，并进行标准重赛。

- 场景：随机场景，除 The Grid Alternative（网格第二版）、The Grid(网格)、Kanzuki Beach（神月沙滩）、Flamenco Tavern（弗拉明戈酒馆）、Skies of Honor(荣耀天空)、Field of Fate（命运之地）和 Mysterious Cove(神秘海湾)以外的场景。
- 比赛建房：战斗大厅。
- 回合时间：99 秒。
- 角色服装：仅可使用竞赛组织公布允许的服装进行参赛。

在一局比赛开始前，运动员进行本局比赛中角色的选择。在一局比赛中，双方可以选择相同角色进行比赛。在一局结束后，败者可以更换角色，胜者不能更换角色。角色选择需要在裁判员监督下进行，并记录在成绩记录单中。角色选择结束后，进入对战画面视为比赛回合正式开始。

本节其余条款参考电子竞技竞赛规则通则执行。

3.3 比赛暂停

3.3.1 暂停原则

运动员在在一局比赛回合中，除比赛设备故障以外，不允许任何理由的暂停申请。

比赛发生异常状况时，运动员可以向裁判员示意后，双方操纵角色向场景两侧移动，至脱离战斗状态，双手离开竞赛设备，由裁判员判定比赛是否中止或进行重赛。

当比赛设备故障恢复后，裁判员可判定比赛恢复。若比赛时间无法完成剩余比赛，可进行受控重赛或加赛。

3.3.2 重赛原则

出现以下情况时运动员可以申请重赛：

- 网络断开：游戏内网络出现断开连接的提示。
- 意外断开：由于设备故障导致 1 名运动员无法正常比赛或断开游戏连接，或由于服务器崩溃导致所有运动员断开游戏连接。
- 游戏 bug：发生影响竞技公平性的客户端 bug 或角色 bug。
- 外界干扰：如无关人员干扰或桌椅出现损坏等。

本小节其余条款参考电子竞技竞赛规则通则执行。

3.4 比赛自然结束和停止

3.4.1 获胜规则

在一局比赛中，击败对方的角色两次，获得该局比赛胜利。

3.4.2 判胜规则

一局比赛获胜计 1 分；一场比赛中，先取得超过总局数半数以上的胜利的队伍，获得该场比赛胜利。

3.4.3 同分的名次判定

小组积分赛阶段，积分高者列前。若出现涉及晋级名额的两队积分相同的情况，则根据相互对阵胜局数进行名次判定；若出现涉及晋级名额的三队及以上积分相同的情况，则根据同分间对阵胜局数、总净胜局数、抛硬币的优先级进行名次判定。

3.5 比赛非法进行

本小节条款参考电子竞技竞赛规则通则执行。

4　犯规、违例和对应的处罚

本节条款参考电子竞技竞赛规则通则执行。

5　申诉和仲裁

本节条款参考电子竞技竞赛规则通则执行。

6　比赛场地

6.1　场地条件

本小节条款参考电子竞技竞赛规则通则执行。

6.2　场地区域

本小节条款参考电子竞技竞赛规则通则执行。

6.3　对战席规格

对战席区域应当布置两侧对战席，每侧对战席需 1 张对战桌和 1 张对战椅。

本小节其余条款参考电子竞技竞赛规则通则执行。

6.4　场地规范

本小节条款参考电子竞技竞赛规则通则执行。

7　器材

7.1　比赛设备

街霸 V 项目使用台式电脑主机（含显示器及其他配套配件）作为比

赛设备。

未经裁判员允许，运动员不得调整显示器"亮度"以外的任何设置。裁判员应提前告知这一点，如果运动员仍然违规调整显示器设置，其应当被警告。

本小节其余条款参考电子竞技竞赛规则通则执行。

7.2 运动员装备

街霸 V 运动员使用游戏手柄进行比赛。

游戏手柄必须使用有线连接的控制器。不允许运动员自带耳机和其他通信设备。

本小节其余条款参考电子竞技竞赛规则通则执行。

7.3 技术台装备

本小节条款参考电子竞技竞赛规则通则执行。

7.4 比赛器材管理

本小节条款参考电子竞技竞赛规则通则执行。

8 赛事服装规格

本节条款参考电子竞技竞赛规则通则执行。

英雄联盟**单项规则**

1　运动员和队伍官员

1.1　运动员人数

英雄联盟是团队项目，一场比赛由 2 个参赛方队伍组成，双方队伍各派出 5 运动员出场。

1.2　运动员游戏名称

运动员游戏内名称在使用前必须得到赛事组织方的许可。

1.3　替补运动员

每个参赛方可以申报 1 名替补运动员。

1.4　比赛最低人数

当比赛开始后，一方场上人数持续低于 5 人时，认为该方低于比赛最低人数要求。

1.5　队伍官员

每个参赛方应申报至少 1 名队伍官员，即至少包括 1 名教练员。

当教练员无法履行职能时，可以于赛前指派另一名队伍官员替代；若无队伍官员，则由队长替代。

2 比赛条件

2.1 比赛设备

英雄联盟使用台式电脑为载体,通过显示器提供竞赛画面信息。

2.2 比赛版本

英雄联盟项目将会在赛事组织方指定版本和服务器上进行。赛事组织方有权决定是否更改比赛版本。

2.3 比赛房间设置

5V5 - 竞技征召模式。

3 比赛进行流程

3.1 选边

参赛队伍的优先选边权会在比赛当天队伍到场后的 15 分钟内,由主裁判与双方队伍的各 1 名代表通过掷硬币的方式决定。队伍需要在优先选边权决出的第一时间向赛事组织方提交选边结果,同时对方队伍会获得最终的选边信息。

拥有优先选边权的队伍将会获得首局的选边权,后续各局选边权将由败方队伍获得。

第二局起的选边需要在上一局水晶爆炸后 5 分钟内向赛事组织方提交,未在规定时间内提交将默认选择蓝色方。

在同一参赛方参加连续多场的比赛中,如果该连续参赛方拥有后一场的优先选边权,则需要在上一大场比赛结束后 5 分钟内向赛事组织方提交选边结果;非连续比赛的参赛方应当在上一大场比赛结束后立即提交选边结果。

3.2 赛前准备

3.2.1 座位顺序

运动员必须按照现场裁判员指定的顺序由上路、打野、中路、下路、辅助 5 个位置依次就座。在游戏房间中，从左至右依次为蓝色方与红色方，从上至下 5 个位置分布为上路、打野、中路、下路、辅助。

未经裁判员许可调换位置，应当按电子竞技竞赛通则进行处罚。

3.2.2 准备时间

运动员（包括替换上场的运动员）在完成检录后、比赛开始前，有至少 2 分钟的准备时间。在此期间，只有队伍的场外指导人员及运动员可以在比赛区域内。

运动员进入比赛区域后就被认为准备时间开始，未经裁判员许可运动员不得离开。运动员有义务准备以下内容：

- 确认赛事组织方所提供设备的质量。

- 连接设备和装备并进行调试。

- 确认语音聊天系统功能正常。

- 配置符文页面。

- 调整客户端内的设置。

- 进行一定的客户端内热身。

测试完成后运动员将立刻加入游戏房间。如果运动员或队伍官员以任何不合理理由拖延比赛进程（包括拖延前往任何指定区域及加入游戏房间），该人员最高将被处罚以警告，其所在队伍会被判罚失去下一局选边权。

如果运动员没有在官方宣布的时间进行比赛，该队伍该局比赛将因为低于最低人数要求而被判负。

3.3 比赛开始

3.3.1 比赛开始时间

在预想状态下，运动员遇到的任何问题都会在准备过程的专用时间内解决，比赛将按照预定时间开始。如遇比赛设备或环境不符合要求，裁判员有权批准比赛适当延时进行。

一旦所有 10 名运动员都进入了官方游戏房间，主裁判将在比赛计划时间通知房间所有者开始游戏。

3.3.2 禁用和选择

3.3.2.1 *场外指导*

在禁用和选择阶段，场外指导人员可以携带笔和纸质笔记本在对战席上，并且允许运动员与场外指导人员进行交流。

当英雄交换阶段倒数计时到达 5 秒的时候，场外指导人员要退出对战席，并在倒计时 0 秒时停止交流，否则将会视为违规通信。

3.3.2.2 *禁用和选择记录*

禁用和选择过程会通过客户端内的竞技征召模式功能来完成。技术台会在征召进行的同时记录禁用和选择的内容。在征召模式受控重赛的情况下，裁判员有权要求双方队伍维持错误禁用和选择之前的所有禁用和选择。

裁判员有权使用人工操作代替客户端内的征召功能。

3.3.2.3 *游戏元素的限制和版本须知*

如果任何装备、英雄、皮肤、符文及召唤师技能存在已知 bug，或者出于赛事方确定的其他任何原因，赛事组织方可自行在赛前或赛中的任何时间提出限制。

赛事组织方将在比赛前向所有参赛方提供《版本须知》，里面将罗列所有参赛方须知的当前版本的信息，如禁用英雄、禁用英雄组合、禁用装备、禁用符文或不会提供时空断裂的 bug 等。《版本须知》不允许对外公开。赛事组织方有权在每局比赛开始前对《版本须知》

进行修改。

违规选择或使用禁用英雄：错选会保留上一个有效选择，进行受控重赛，并且告诫选择出错的运动员，如果是故意错选，则应当警告。

使用禁用 bug：告诫触发禁用 bug 的运动员，如果是故意触发，则应当警告。

使用禁用道具：运动员购买禁用道具（装备）时，裁判员有权暂停比赛并介入，要求运动员配合裁判员出售游戏道具。

3.3.2.4 征召顺序

征召的程序如下：

- 第一阶段禁用：双方各有 3 个英雄禁用位，顺序为蓝方—红方—蓝方—红方—蓝方—红方。

- 第一阶段选择：双方各有 3 个英雄选择位，顺序为蓝方—红方—红方—蓝方—蓝方—红方。

- 第二阶段禁用：双方各有 2 个英雄禁用位，顺序为红方—蓝方—红方—蓝方。

- 第二阶段选择：顺序为红方—蓝方—蓝方—红方。

3.3.2.5 禁用/选择失误

如果出现错误的禁用/选择英雄，犯错的队伍必须在 3 秒内且任一支队伍锁定下个选择之前告知裁判员，并提供原本正确的禁用/选择。裁判员有权决定是否进行受控重赛。

在裁判员进行沟通期间，若没有任何队伍进行下一个有效锁定，禁选阶段将会重新开始，并且恢复到错误发生之前的状态；如果在犯错队伍告知裁判员前或裁判员进行沟通期间下一个选择已经确定，或未在规定时间内告知裁判员信息，则错误禁用/选择将无法被撤销及更正。

3.3.3 英雄交换

英雄交换是禁用和选择的最后环节。队伍必须在交换阶段倒数进行到 20 秒之前完成所有的英雄交换，如果在交换阶段倒数 20 秒内队伍进行英雄交换，该英雄交换仍会被视为有效，但违规运动员将最高被处罚以警告，该队伍将被罚分：失去下一局选边权。

英雄交换结束后，场外指导人员应当将相关笔记或印刷品带离。否则应视作非法获取比赛信息。

3.3.4 进入比赛

禁用和选择完成后到游戏读取的这段时间，也就是"自由时间"内，运动员不允许退出游戏。进入比赛后，赛事组织方有权决定是否进行游戏内暂停，以检查各项赛前程序均已完成。

3.4 比赛暂停

3.4.1 比赛断开

3.4.1.1 意外断开

由于游戏客户端、平台、网络、比赛计算机问题，或客观、无关因素干扰，有名运动员与比赛客户端失去连接。

3.4.1.2 故意断开

由于运动员的行为（如退出游戏），导致有运动员与游戏失去连接。任何导致断开的运动员行为都将被认为是故意的，无论其实际意图如何。如裁判员判定运动员的行为对公平性造成了影响最高将判罚以警告，或该队伍失去选边权的处罚。

3.4.1.3 服务器崩溃

由于游戏服务器、比赛服务器平台或者场馆网络不稳定的问题，导致所有运动员与游戏失去连接。

3.4.2 比赛暂停

运动员只可以在得到裁判员的同意后才可以暂停比赛，但是必须在暂停后向裁判员阐述暂停原因。可接受的原因包括：

- 意外断开。

- 硬件或者软件发生故障（如显示器断电、设备故障或者游戏出现问题）。
- 运动员身体受到干扰（如无关人员干扰或者桌椅出现了损坏）。

仅有当在与其他运动员直接对抗期间发生上述情形时，运动员才可使用"优先暂停"权力。运动员未经许可暂停将被视作擅自暂停。

3.4.2.1 *游戏中止期间的运动员交流*

在游戏暂停期间，运动员之间不得以任何方式进行相互交流。运动员可以与裁判员进行交流，但前提是为了寻找或解决导致暂停的原因。如果暂停持续了很长时间，裁判员可以自行决定是否允许恢复讨论。违反交流规则将被视作违规通信。

3.4.3 局间休息

裁判员将告知运动员下场游戏禁用和选择开始前的剩余时间。每局比赛之间的标准时间为 15 分钟，从水晶枢纽爆炸开始计算，到运动员在对战席就座为止。具体的时间将由裁判员来告知运动员和队伍官员。

4 比赛胜利和计分排名

4.1 获胜

4.1.1 单局获胜条件

一局比赛将通过下列方式之一产生获胜方：

- 完成最终目标（摧毁水晶枢纽）。
- 对方队伍投降。
- 对方队伍被当局判负。
- 判定获胜。

4.1.2 单场获胜条件

一场比赛将通过下列方式之一产生获胜方：

- 队伍的取胜局数占了本场比赛总局数中的大部分或全部。
- 对方队伍全场比赛弃权。
- 对方队伍被当场判负。

4.2 判定获胜

如遇比赛无法恢复,且在一定程度上可以确认某支队伍将会不可避免地失利,以下标准将可以用于直接判定一局比赛的胜者:

- 经济差距:一方获得比赛总经济的 57.5% 或更多。例如,如果比赛中产生 10000 的经济总和,领先的队伍必须至少获得 5750 经济。
- 剩余防御塔数目差距:双方剩余防御塔的数量差距大于 7 个。
- 剩余召唤水晶数目差距:双方剩余召唤水晶数量差距大于 2 个。
- 剩余水晶枢纽防御塔数目差距:双方剩余水晶枢纽防御塔的数量差距为 2 个。
- 剩余英雄数目差距:双方存活英雄的数量差距大于等于 4 个且复活时间都在 40 秒以上。

4.3 计分规则

4.3.1 计分排名规则

一支队伍每获得一个局胜利,计为获得 1 小分。

一支队伍每获得一个场胜利,计为获得 1 大分。

4.3.2 判负和弃权计分规则

一支队伍被当局判负,其对手队伍因满足局胜利条件,故对手获得 1 小分。

一支队伍被当场判负,则进行中的小局比赛也会被连带判负,其对手队伍将获得 1 个大分。对手队伍小分以该场比赛胜利所需得分计算。被当场判负的队伍保留已获得的小分成绩。

一支队伍全场弃权，其对手队伍将获得 1 个大分。对手队伍小分以该场比赛胜利所需得分计算。弃权的队伍不保留任何成绩。

4.3.3 分数相同规则

当出现两队大分相同的情况时，会先考量该两队的相互交战记录，相互对战纪录中胜场较多的队伍将获得更高排名。

当两队相互交战记录胜场相同，或出现三队或以上队伍大分相同的情况时，将会根据以下情况，按 A 到 F 的优先级依次判定：

(A) 优先考量积分相同的队伍之间的相互对战纪录，相互对战记录中小分较多的队伍将获得更高排名。

(B) 如果相互对战记录相同，则会比较所有平局队伍的总净胜场（小局胜场减去小局败场），总净胜场较多的队伍将获得更高的排名。

(C) 如果所有平局队伍的总净胜局也相同，则会比较这些队伍之间的相互对战纪录总净胜局，相互对战纪录总净胜局较多的队伍将获得更高的排名。

(D) 如果相互对战纪录总净胜局也相同，则平局队伍会按照赛事组委会规定的加赛规则进行加赛；如果无法加赛的，将按照对手分（比赛战胜过的对手排名总分之和，未定排名的队伍取可能排名的中间值）进行排名，对手分较小的队伍将获得更高的排名。

(E) 如果对手分无法判断或对手分也相同，则平局队伍将比较比赛总用时，比赛总用时更短的队伍将获得更高的排名。

(F) 如果比赛用时仍然相同，则抽签决定排名。

5　技术问题

5.1　bug

bug 是指导致游戏结果不正确或不正常，亦可导致游戏数据和硬件设备工作异常的错误、瑕疵、故障或缺陷。

bug 视严重情况可分为：轻微 bug、可继续 bug、严重 bug。

轻微 bug 是指包括硬件故障在内，最多只会对运动员造成不便的

bug。

可继续 bug 是指不会大幅影响比赛竞技公平性的 bug，包括《版本须知》中的 bug。

严重 bug 是指包括比赛设备、运动员装备、比赛环境意外故障在内，会大幅损害某位运动员在比赛中的竞技能力、大幅改变比赛数据或者游戏机制的 bug，或者正常的外部环境条件难以维系的情况。

裁判员评估 bug 对比赛干扰的严重程度时，应当考虑以下要素：

- bug 是否导致了优势方转换。

- bug 是否导致了英雄意外被击杀。

- bug 是否导致了防御塔意外被摧毁或意外未被摧毁。

- bug 是否导致了重要中立资源争夺发生变化。

- bug 是否使优势方失去了明显扩大优势的机会。

一旦某位运动员注意到一个 bug（包括可能的硬件故障），该运动员需要在可行的最短时间通过下面列出的方法之一暂停游戏，并告知裁判员该 bug：

- 裁判员许可后通过"/pause"指令暂停比赛。

- 通过音频语音交流要求一名队友暂停。

- 使用优先暂停权利要求裁判员暂停游戏。

5.2　技术介入

5.2.1　"死球"状态

"死球"状态是指比赛双方队伍彼此均没有产生紧密的互动的时间点。

5.2.1　游戏记录

游戏记录（GOR）指的是一局游戏的 10 名运动员都已加载，而且发展到与对方队伍进行了有意义互动的时间点。一局比赛一旦确立了游戏记录，将不再因为意外事件进行标准重赛。

可以确立 GOR 的条件有：

- 运动员在兵线上获得了对方队伍的视野。
- 任何游戏内的攻击或者技能命中小兵、野怪、建筑物或敌方英雄。
- 任何一方在对方野区中建立了视野、在对方野区中使用目标性技能或者进入了对方野区，包括离开了河道或进入了连接敌方野区的草丛。
- 游戏计时器到达两分钟（00:02:00）。

5.2.3 中止情况

中止情况是指比赛进行过程中，出现需要进行重赛的 bug 或其他需要裁判员介入进行重大判决的严重情况。这些情况包括：

- 时空断裂无法使用或无法修复游戏的严重 bug；
- 无法通过时空断裂来修复或避免的 bug，包括可能需要禁用相应的英雄或皮肤的 bug；
- 任何其他经过赛事组织方裁定，包括环境问题和灾难性的硬件故障在内，比赛无法维系的情况。

中止情况下，如果比赛未建立 GOR，裁判员可以使用标准重赛或受控重赛；如果比赛已经建立 GOR，裁判员有权进行标准重赛、暂停比赛、停止比赛。

5.3 时空断裂

时空断裂是具有决定性灾难修复的一种工具，其目的是通过使用该功能将游戏退回到一个足以修复游戏内问题或平衡对局的时间点当中。

时空断裂被视作是一种比赛回流功能。如果裁判员批准使用时空断裂，技术员将会把客户端内比赛恢复到一个合适的"死球"状态。如果不存在这样一个合适的"死球"状态，那么根据裁判员的裁定，运动员们仍会被放回到 bug 发生前的一个恢复点中去。

裁判员有权裁定时空断裂导致的公平性影响代价大于不使用时空断裂造成的影响，此时裁判员有权拒绝进行时空断裂。

轻微 bug、可继续 bug 不适用于时空断裂。

如果产生了一个严重 bug，裁判员需确定时空断裂是否有效可用；如果时空断裂无法修复比赛，或者将比赛回滚到早前的状态无法修正或避免 bug，那么该 bug 则会构成中止情况。

6　比赛场地

6.1　场地区域

除非事先得到过赛事组织方的许可，否则场馆内通往正式比赛限定区域的队伍通道只限参赛队伍成员使用。出席比赛的许可将完全由赛事组织方自行裁定。

6.2　对战席

无线设备使用限制：无线设备（包括移动电话和平板电脑），在运动员加入到已激活的游戏时不允许出现在比赛区域，包括禁用和选择阶段、暂停、重开，以及多局决胜负比赛每局之间的阶段。故意携带无线设备上台的运动员可能会受到赛事组织方自行裁定的处罚。多次故意携带无线设备上台或经判定对比赛公平性造成影响的运动员可能会受到赛事组织方的警告或判负的处罚。运动员有义务确保自己上场时没有携带未经授权的无线设备，裁判员的代替保管不对财产损失负责。

7　器材

7.1　比赛设备

7.1.1　硬件故障

如果出现任何一种硬件失灵的情况，裁判员应该确定硬件失灵是否会构成可继续 bug，如显示器断电，某位运动员操纵的英雄直接走进了敌方的防御塔下；是否会构成严重 bug，如键盘失灵，导致某位运动员操纵的英雄死亡；或者是否会构成中止情况，如游戏服务器崩溃。随后裁判员应该遵循上述的相应标准来采取措施。

7.1.2 电脑程序及使用

运动员不允许在比赛设备（电脑）上安装自己的程序，只能使用赛事组织方提供的程序。

比赛过程中，所有运动员都不允许在"[所有人]"频道发送带有挑衅、侮辱等含义的信息，且不允许在"[所有人]"频道频繁地发送信息。

7.1.3 客户端设置

游戏客户端内的所有账号设置都是被允许自由调整的。

7.2 运动员装备

出于赛事保密、安全或者运作效率及效力等方面的理由，技术官员可以自行决定不接受某一设备的使用。

梦三国 2 单项规则

1　运动员和队伍官员

1.1　运动员

所有队伍必须始终有参赛选手阵容中的 5 名选手（首发选手）和至少 1 名替补（替补选手）。正式选手和替补选手都需要在事先提交的选手名单中。

运动员的游戏内昵称应当为字母和数字组成的字符串，最大长度不能超过 12 个字符。游戏昵称和队伍名称不得含有：低俗及色情内容；与**梦三国 2** 当中英雄相关或者其他相似的角色名称；其他可能导致误解的内容。同时账号昵称需要符合赛事组织方在赛事手册中的其他标准，如是否可使用其他语言文字，并得到赛事组织方的批准。

本小节其余条款参考电子竞技竞赛规则通则执行。

1.2　替补运动员和替补程序

本小节条款参考电子竞技竞赛规则通则执行。

1.3　队伍官员

1.3.1　教练员

教练员在比赛过程中，仅能在比赛赛事阶段中的"比赛开始""禁用和选择阶段"及"赛后阶段"进入对战席，但当相应时间段结束时，需立即离开对战席。

本处其余条款参考电子竞技竞赛规则通则执行。

2　技术官员

本节条款参考电子竞技竞赛规则通则执行。

3　比赛进行流程

3.1　比赛环节

本小节条款参考电子竞技竞赛规则通则执行。

3.2　比赛开始

运动员在**梦三国 2** 客户端中点击"创建房间"建立比赛房间，房间需符合以下设置：

- 游戏类型：比赛模式。
- 游戏设置：相同英雄设置关闭；所有人重连设置关闭，只允许断线者重连

比赛模式下将采取如下的蛇形选取顺序：

吴国 = 1、魏国 = 2；B= 禁用、P= 选择英雄。

- 第一阶段禁用：1B-2BB-1BB-2B。
- 第一阶段选择：1P-2PP-1PP-2P。
- 第二阶段禁用：1B-2BB-1B。
- 第二阶段选择：2P-1PP-2P。

吴国	×			×	×		√		√	√		×		×		√	√	
魏国		×	×			×		√	√		√		×	×		√		√

（备注：主场吴国方将进行先禁用先选择）

如果出现错误的选择或者禁用英雄，犯错的队伍必须在另一支队伍锁定下个选择之前告知现场裁判员。这样的话，此过程将会重新开始，并且恢复到错误发生之前的状态，以便犯错的队伍能改正自己

115

的错误选择。如果在犯错队伍告知官方团队前,下一个选择已经确定,则错误将被视作无法撤销。

本小节其他条款参考电子竞技竞赛规则通则执行。

3.3 比赛暂停

只有主裁判具有比赛暂停的权力在参赛方申请暂停,主裁判予以批准之后,除处于总则规定优先批准暂停的情况以外,现场裁判员需确保暂停时比赛双方处于非交战状态。

本小节其他条款参考电子竞技竞赛规则通则执行。

3.4 比赛自然结束和停止

3.4.1 比赛自然结束

率先摧毁敌方主基地或率先击败60名敌将,胜负关系根据系统判定。

3.4.2 比赛停止

如比赛中一方弃权,另一方直接获得比赛的胜利,弃权需由队伍官员向主裁判书面提出并说明理由。如比赛正在进行中,需先申请暂停,比赛暂停后才可提出。

如遇导致裁判组宣布重新开始游戏的技术难题,裁判组也可能直接判定一方队伍获胜。如果游戏时间已经超过20分钟(00:20:00),裁判组可以自行认定,在一定程度上可以确认某支队伍将会不可避免地失利。以下标准将会作为参考决定这种确认,如果一项标准都不满足则不能直接判定一方队伍获胜。

- 经济差距:双方的经济差距等于或大于44%。

- 剩余防御塔数目差距:双方剩余防御塔的数量差距等于或大于8个。

- 剩余召唤兵营数目差距:双方剩余召唤兵营数量差距等于6个。

- 人头差距:双方击败人头的数量差距等于或大于35个

3.4.3 同分的名次判定

小组积分赛阶段，积分高者列前。若出现涉及晋级名额的两队积分相同的情况，则根据相互对阵胜局数进行名次判定；若出现涉及晋级名额的三队及以上积分相同的情况，则根据同分队伍间对阵胜局数、总净胜局数、抛硬币的优先级进行名次判定。

本小节其他条款参考电子竞技竞赛规则通则执行。

3.5 比赛非法进行

本小节条款参考电子竞技竞赛规则通则执行。

4 犯规、违例和对应的处罚

本节条款参考电子竞技竞赛规则通则执行。

5 申诉和仲裁

本节条款参考电子竞技竞赛规则通则执行。

6 比赛场地

6.1 场地条件

本小节条款参考电子竞技竞赛规则通则执行。

6.2 场地区域

本小节条款参考电子竞技竞赛规则通则执行。

6.3 对战席规格

对战席运动员有义务按照对战席座次入座。

单面舞台将按照对称原则入座，对战席左侧从左到右分别为 1 号位至 5 号位；对战席右侧从左到右分别为则为 5 号位到 1 号位。

四面舞台将按照中心对称原则入座，顺序均为 1 号位至 5 号位。

未按照对战席座次入座的，应由裁判员予以提醒和调整。在比赛开始后仍位于错误的座次的，裁判员应允许比赛继续，但要警告所有坐错位置的运动员，并在当局比赛结束后调回正确的位置。

本小节其余条款参考电子竞技竞赛规则通则执行。

6.4　场地规范

本小节条款参考电子竞技竞赛规则通则执行。

7　器材

7.1　比赛设备

梦三国 2 项目使用比赛计算机（含显示器及其他配套配件）作为比赛设备。

本小节其余条款参考技术规则通则执行。

7.2　运动员装备

梦三国 2 项目运动员可以使用自身携带的键盘、鼠标、鼠标垫进行比赛，但不允许使用蓝牙连接的无线装备。不允许运动员自带耳机和其他通信设备。

本小节其余条款参考电子竞技竞赛规则通则执行。

7.3　技术台装备

本小节条款参考电子竞技竞赛规则通则执行。

7.4 比赛器材管理

本小节条款参考电子竞技竞赛规则通则执行。

8 赛事服装规格

本节条款参考电子竞技竞赛规则通则执行。

和平精英亚运版本 单项规则

1 运动员和队伍官员

1.1 运动员人数

和平精英亚运版本是团队项目，一场比赛由 4 个参赛方队伍组成，每个参赛方队伍各派 4 名运动员出场。

1.2 运动员游戏名称

运动员游戏内名称在使用前必须得到赛事组织方的许可。

1.3 替补运动员

每个参赛方可以申报 1 名替补运动员。

1.4 比赛最低人数

当比赛开始后，一方场上人数持续低于 4 人时，认为该方低于比赛最低人数要求。

1.5 队伍官员

每个参赛方应申报至少 1 名队伍官员，即至少包括 1 名教练员。

当教练员无法履行职能时，可以于赛前指派另一名队伍官员替代；若无队伍官员，则由队长替代。

2 比赛条件

2.1 比赛设备

和平精英亚运版本采用移动端比赛手机为载体并提供竞赛画面信息，不得使用平板电脑、模拟器。

2.2 比赛版本

和平精英亚运版本将在赛事组织方指定的版本和服务器上进行。赛事组织方有权决定是否更改比赛版本。

2.3 比赛房间设置

- 地图：沙漠。
- 模式：亚运会。
- 路线：一号赛道、二号赛道、三号赛道、四号赛道。
- 服务器：和平精英亚运版本竞赛版本。

3 比赛进行流程

3.1 赛前准备

3.1.1 赛前调试

所有运动员（含替换上场的运动员）进入比赛对战席后，拥有至多 10 分钟的调试时间。运动员应在调试时间内确认客户端设置、比赛设备设置、操作界面和各类预配置内容是否就绪。调试时间到时应立即遵从裁判员指令加入比赛房间。违规拖延相关流程将被视作故意拖延比赛。

3.1.2 座位顺序

同一参赛队伍的运动员应当在同一侧对战席中，但运动员座位顺序不作要求。

参赛队伍应当按照对战席的顺序依次进入比赛房间对应的队伍位置内。运动员应当在所属队伍席位中，但在席位内顺序不作要求。

- 对战席 A 的队伍落座 1 号队伍席位（左上）。
- 对战席 B 的队伍落座 2 号队伍席位（右上）。
- 对战席 C 的队伍落座 3 号队伍席位（左下）。
- 对战席 D 的队伍落座 4 号队伍席位（右下）。

坐错队伍的运动员应由裁判员予以提醒和调整。拒绝调整座次的，或在比赛开始后仍位于错误的座次的，裁判员应进行标准重赛，并警告所有坐错位置的运动员，且应在返回比赛房间后调回正确的位置。

3.2 比赛开始

3.2.1 出生岛等待

在裁判员宣布开始后，比赛将进入载入、出生岛等待时段。在此期间，如果有运动员断开连接或出现硬件故障影响了比赛进行，裁判员应当进行本局的标准重赛。

运动员通过故意断开连接、故意造成设备和装备失效等方式故意迫使比赛重赛的，应当最高给予警告的处罚。

出生岛等待期间也适用于比赛进行时的规定和判罚。

3.2.2 比赛进行

在比赛进行中，运动员操控角色做出违反比赛公平性或违背体育道德的行为将会被认为是犯规，运动员应当立即停止该行为，犯规者可被处以警告，并被罚时。多次故意违规影响其他运动员正常竞赛，或对其他队伍的比赛结果产生 20 秒以上影响的运动员，裁判员有权判定其罚离出场。被罚离出场的运动员须将手机放置于桌面，屏幕保留在游戏页面，不应再进行任何操作（包括返回房间、在游戏内互动）。违规包括但不限于以下行为：

- 驾驶载具违规。
- 使用 bug 进行牟利。
- 地形攀爬违规。
- 违规设置障碍。
- 故意向他人射击。
- 违规收集物资。
- 违规进入区域。
- 消极比赛。
- 恶意复位。
- 违规搭乘载具。

以下行为将会被认为是违例，运动员应当立即停止该行为，裁判员有权对违例者处以警告或罚离出场，被罚离出场的运动员须将手机放置于桌面，屏幕保留在游戏页面，不应再进行任何操作（包括返回房间、在游戏内互动）。

违例包括但不限于以下行为：

- 擅自更改比赛游戏昵称。
- 通过插件等非赛事机游戏官方自带设置的其他方式改变游戏内的参数、破解帧率、破解修改画质，以及使用破解的客户端等。
- 修改游戏代码或数据。
- 使用欺骗手段试图重赛、补时的行为。
- 其他裁判员认为单方违反竞赛规则或程序的行为。

3.3　复位

当载具因为模型或 bug 等非主动原因导致悬空、落水、翻覆、无法移动时，运动员可自行使用游戏设置内的复位功能将载具传送回 5 秒前合理的位置（当无法回到合理位置时，将传送回上一个通过的检查点）。

若运动员主观通过复位功能恶意干扰其他队伍比赛或影响游戏公平性，将会被视作"恶意复位"受到处罚。

3.4 暂停

和平精英亚运版本不设比赛暂停功能。

当发生了其他规则条款要求比赛暂停的情形时，裁判员应当允许比赛先继续，并快速核查情况。即使比赛继续至已产生了赛果，裁判员仍有权进行判罚。当确实存在需要立即暂停时，裁判员可以暂停比赛，并通过重赛的方式恢复比赛。此时，罚分和补偿方案将可以被讨论。

3.5 比赛结束

一局比赛最长 30 分钟，比赛时间到时该局比赛会强制结束。队伍中所有运动员均按照检查点顺序要求通过终点后，视为队伍通过终点。队伍在抵达终点后，手机应被放置于桌面，屏幕保留在游戏结算页面，不应再进行任何操作（包括返回房间、在游戏内互动）。运动员操作手机页面离开游戏结算页面，违例一次将被告诫，违例两次将被警告。

所有队伍均通过终点或一局比赛时间结束后，视作一局比赛完成。

以下情况将视作"未完成"：

- 队伍当局缺少 1 名及以上（含 1 人）参赛运动员且无法重连回比赛。
- 队伍在比赛开始后 30 分钟仍有运动员没有抵达终点。
- 无法正常驾驶载具完成比赛，且在场运动员选择放弃继续本局比赛。
- 队伍被判负。

4 比赛计时方式和排名

4.1 计时和排名

4.1.1 计时规则

每局比赛从允许跳伞开始计时，队伍中所有运动员均按照检查点顺序要求通过终点后，视为队伍完成比赛并结束计时。所有队伍抵达终点，此时一局比赛自然结束。每局根据各支队伍完赛用时计算成绩。每场按照各支队伍 4 局比赛最终完赛用时总和计算排名，总用时相同的，应当按照用时相同规则与特殊用时相同规则进行排名，用时少的队伍排名靠前。

所有未完成的队伍将按 30 分钟整计算当局完赛用时，其最终用时应当将罚时、判负等情况统计入内。

4.1.2 用时相同排名规则

若存在两支及以上队伍一场比赛 4 个小局总用时相同时，将按以下顺次进行判定，直至决出本场比赛的排名：

- 比较用时相同队伍本场比赛中单局最短用时。
- 比较用时相同队伍本场比赛中的单局第二短用时。
- 比较用时相同队伍本场比赛中的单局第三短用时。
- 用时相同队伍进行 1 局加赛（赛道由抽签决定），根据单局加赛成绩计算排名；截至加赛的强制结束时间，加赛队伍未完成比赛则不记录排名成绩，视作无效。

4.1.3 特殊用时相同排名规则

若存在两支及以上队伍 4 个小局总用时相同，且存在一支及以上队伍如果在强制结束时间内未完成比赛，将按以下顺次进行判定，直至决出最终排名：

- 比较用时相同队伍本场比赛中的单局最短用时。
- 比较用时相同队伍本场比赛中的单局第二短用时。

- 比较用时相同队伍本场比赛中的单局第三短用时。

- 比较用时相同队伍本场比赛中共同参加的最后一局的打靶得分。

- 比较用时相同队伍本场比赛中共同参加的倒数第二局的打靶得分。

- 比较用时相同队伍本场比赛中共同参加的倒数第三局的打靶得分。

- 比较用时相同队伍本场比赛中共同参加的倒数第四局的打靶得分。

- 比较用时相同队伍本场比赛中共同参加的最后一局的引导点数量。

- 比较用时相同队伍本场比赛中共同参加的倒数第二局的引导点数量。

- 比较用时相同队伍本场比赛中共同参加的倒数第三局的引导点数量。

- 比较用时相同队伍本场比赛中共同参加的倒数第四局的引导点数量。

- 用时相同的队伍进行 1 局加赛（赛道由抽签决定），根据单局加赛成绩计算排名；截至加赛的强制结束时间，加赛队伍未完成比赛则不记录排名成绩，视作无效。

4.2　跨场用时相同规则

若存在两支及以上队伍 4 个小局总用时相同，且同分队伍不是同一场内的对局队伍时，将按以下顺次进行判定，直至决出最终排名：

- 比较用时相同队伍本轮各自比赛中的单局最短用时。

- 比较用时相同队伍本轮各自比赛中的单局第二短用时。

- 比较用时相同队伍本轮各自比赛中的单局第三短用时。

- 用时相同的队伍进行 1 局加赛（赛道由抽签决定），根据单局加赛成绩计算排名；截至加赛的强制结束时间，加赛队伍未完成比赛则不记录排名成绩，视作无效。

5 技术问题

5.1 犯规

运动员操控角色做出违反比赛公平性或违背体育道德的行为将会被认为是犯规，裁判员应视其对比赛的影响程度，对犯规人员予以告诫、警告，并对其所在队伍处以罚分（罚时），最高可处以赛中罚离出场和当局判负。

5.1.1 驾驶载具违规

以下行为违反 1 次，违反运动员将被告诫，违反运动员所在队伍将被罚时；违反 2 次将被警告，情节严重者最高可被罚离。

5.1.1.1 违规冲撞运动员游戏内角色

- 故意驾驶载具朝运动员游戏角色静止所在位置/运动员正在直线行进的方向移动，目的是冲撞其他行进中的运动员游戏角色，而不是完成比赛。
- 故意改变载具移动方向，目的是冲撞其他运动员游戏角色，而不是完成比赛。

5.5.1.2 违规冲撞载具

- 故意驾驶载具冲撞其他队伍载具，目的是使其他载具停止或倾翻，而不是完成比赛。
- 故意驾驶载具冲撞其他队伍载具，目的是使其他载具改变方向。
- 故意改变载具移动方向，目的是冲撞其他载具，而不是完成比赛。
- 其他影响队伍正常驾驶载具的行为。

5.1.2 打靶位置违规

以下行为违反 1 次，违反运动员将被警告，违反运动员所在队伍将被罚时。

故意利用房型攀爬至飞碟发射处，或攀爬至其他可以直接射击飞碟发射器出口的位置进行射击并获取优势。

5.1.3 故意干扰

5.1.3.1 角色违规阻挡

以下行为违反 1 次，违反运动员将被告诫，违反运动员所在队伍将被罚时；违反 2 次将被警告，情节严重者最高可被罚离。

运动员故意操纵游戏角色停留至妨碍其他车辆或运动员游戏角色通行的地点，最终直接导致其他载具或运动员游戏角色难以通行，包括阻碍其他运动员游戏角色行进路线、物资收集。

5.1.3.2 载具违规阻挡

以下行为违反 1 次，违反运动员将被警告，违反运动员所在队伍将被罚时，情节严重者最高可被罚离。

运动员故意操纵载具停放至妨碍其他车辆或运动员游戏角色通行的地点，最终直接导致其他载具或运动员游戏角色难以通行，包括阻碍其他运动员游戏角色行进路线、物资收集。

5.1.3.3 违规干扰射击

以下行为违反 1 次，违反运动员将被告诫；违反 2 次将被警告，违反运动员所在队伍将被罚时，情节严重者最高可被罚离。

- 故意使用运动员游戏角色或载具遮挡其他运动员游戏角色面前的打靶视野或打靶弹道，如遮挡靶心或者在枪口反复跳跃。
- 运动员射击不以得分或打靶为目的，而是以干扰其他运动员游戏角色正常比赛为目的。

5.1.3.4 违规位置干扰

以下行为违反 1 次，违反运动员将被告诫，违反运动员所在队伍将被罚时；违反 2 次将被警告，情节严重者最高可被罚离。

- 故意使用运动员游戏角色模型或载具模型将其他运动员游戏角色模型挤落高分靶台或其他打靶点位。

- 运动员选取打靶点位时未遵循先来后到原则，当该位置已有 1 名运动员游戏角色打靶时，以任何形式故意卡住其他运动员游戏角色的位置，目的是干扰其他运动员游戏角色打靶。

5.1.4 故意向他人射击

以下行为违反 1 次，违反运动员将被告诫；违反 2 次将被警告，违反运动员所在队伍将被罚时。

- 对其他运动员游戏角色（包括本队其他运动员游戏角色）及游戏角色附近非标靶的区域进行干扰射击或连续的近战攻击，无论是发生在竞速中、城区中还是抵达终点后。
- 对其他运动员载具及进行干扰射击。

5.1.5 违规收集物资

以下行为违反 1 次，违反运动员将被警告，违反运动员所在队伍将被罚时。

恶意囤积超过背包容量的物资，并将物资转移至其他地点，目的是干扰其他队伍拾取物资，而非完成比赛。

5.1.6 违规进入其他区域

以下行为违反 1 次，违反运动员将被警告，违反运动员所在队伍将被罚时。

- 分数未达标的情况下，提前进入下一城区或下一载具竞速赛段，目的是为了干扰其他队伍，而非完成比赛。
- 进入非路线内其他城镇区域（不包括路过单独的建筑物）。

5.1.7 消极比赛

以下行为违反 1 次，违反运动员将被警告，违反运动员所在队伍将被罚时，情节严重者最高可被罚离。

消极比赛是指参赛选手在比赛中出于特定目的，不认真对待比赛胜负，违背比赛最终求胜原则的消极比赛行为。

- 比赛中，当排名靠后时，由于没有晋级或争冠可能，从而出现退出游戏、任何不以完赛或最终获胜为目的等消极比赛的行为。

- 比赛中，因为非竞赛原因，如对裁判员执法的不满或对教练、俱乐部不满，从而出现退出游戏、任何不以完赛或最终获胜为目的等消极比赛的行为。

- 在任意赛段中，因为已经提前晋级，为保存实力，从而出现退出游戏、任何不以完赛或最终获胜为目的等消极比赛的行为。

这些行为包括但不限于：

- 在对应赛段分数达标情况下不立即前往下一引导点，且不进行以最终获胜为目的的行为，如拾取物资、给载具补充燃料等。

- 出于非合理原因减慢载具速度或使其停车，故意等待其他队伍共同打靶等，以及其他不以完成比赛为目的的行为。

5.1.8 恶意复位

以下行为违反 1 次，违反运动员将被警告，违反运动员所在队伍将被罚时。

故意使载具倾翻，或在载具可正常驾驶时，利用复位 bug 移动至距离目的地更近的位置等，获得正常竞技以外的优势。

5.1.9 违规搭乘载具

以下行为违反 1 次，违反运动员将被警告，违反运动员所在队伍将被罚时。

运动员使用任何方式搭乘其他队伍载具，目的是移动至其他位置或干扰其他队伍正常比赛。

5.2 判断要素

裁判员判定运动员行为是否是故意违规时，应当综合考虑以下因素：

- 该行为的结果是否是可预见的，运动员及其队友是否拥有相关视野和信息。

- 该行为是否是迫不得已的，短时间内无法发现其他行动方案。

- 该行为是否是反复发生的。
- 该行为是否是其他合理原因导致的。
- 运动员是否做出了补救动作。

5.3 技术判罚

5.3.1 重赛场景

- 运动员可以向裁判员示意，或裁判员自主发现适合重赛的场景。裁判员有权根据比赛实际受干扰情况决定是否重赛：
- 运动员所操作的角色模型被意外卡住无法移动（故意卡死角色不会重赛）。
- 网络断开：游戏内网络出现断开连接的提示。
- 音频异常：包括但不限于内部语音通话系统故障等。
- 意外断开。
- 网络及硬件异常：由于网络、技术、设备故障严重影响 1 名运动员的竞技能力的情况，包括但不限于陀螺仪失灵、屏幕触控失灵、严重网络波动等。
- 外界干扰：运动员受到比赛无关人员的干扰时。
- 比赛赛道参数设置错误。
- 其他裁判员认为比赛受到干扰的情形。

以下情况会被认为是意外断开：

- 在比赛进行过程中，若有超过 ≥ 1 的未抵达终点的运动员受到网络波动、停电等突发情况，导致意外断开游戏连接且无法重新连接的情况。
- 由于服务器崩溃导致所有运动员断开游戏连接。
- 由于设备故障导致 1 名运动员无法正常比赛或断开游戏连接。

若比赛中有 1 名及以上运动员意外断开，则游戏重开。当有运动员掉线时，需要在 10 秒内向裁判员示意，裁判员经过技术台判定，非人为因素下断开连接，判定比赛重开。

在比赛进行过程中，如果游戏发生了严重的 bug，导致运动员无法正常完成比赛，判定比赛重赛。严重 bug 不包括运动员行为导致的载具燃料耗尽、载具落水等情况。

裁判员有权裁定这个 bug 是否损害了运动员在游戏中竞技的能力，从而导致运动员无法正常完成比赛。

bug 应被认为是可证实的，必须可被有效地呈现出来，而且不能是由于运动员的错误造成的。当运动员认为自身遭遇了严重的 bug，必须在 bug 发生的 10 秒内告知裁判员。

5.3.2 不可重赛场景

所有未包含在重赛场景内的情况均不适用于重赛，包括但不限于以下场景：

- 由于运动员的行为（包括但不限于：退出游戏、断开网络、恶意使用 bug），导致游戏与服务器失去连接。任何导致游戏断开连接的运动员行为都将被认为是故意的，无论这位运动员的实际意图如何，都不允许进行重赛。

- 如果运动员认为自身遭遇了严重的 bug，但未在 10 秒内及时告知裁判员，将被认为试图推迟报告 bug，以等待在更加有利的时机重新开始游戏，不允许进行重赛，并最高将对其处以警告。

5.3.3 罚分

和平精英亚运版本中，罚时可以是增加比赛结算时间、改变单局比赛名次。罚时应参考以下标准（表1）：

表1 和平精英亚运版本犯规行为罚时

技术犯规	犯规1次罚时	犯规2次/造成持续影响罚时
驾驶载具违规	5秒	10秒
打靶位置违规	5秒	10秒
违规阻挡/违规位置干扰	5秒	10秒
违规干扰射击	/	5秒

续表

技术犯规	犯规 1 次罚时	犯规 2 次 / 造成持续影响罚时
违规收集物资	5 秒	10 秒
违规进入其他区域	5 秒	10 秒
消极比赛	5 秒	10 秒
恶意复位	5 秒	10 秒
违规搭乘载具	5 秒	违规搭乘时长

5.3.5 当局判负和当场判负

和平精英亚运版本项目中，当局判负和当场判负意味着运动员需要立即停止所有的动作，将比赛设备放置在桌面上，双手离开桌面、不得触碰比赛设备。无论队伍是否已经抵达终点，本局比赛都将在其他队伍抵达终点后被计为"未完成"。

当场判负的运动员无须参加本场后续各局比赛，后续各局成绩均计为"未完成"。为了尽量保障对抗公平性，他们的游戏角色可以继续在比赛房间内，但不得有任何操作；他们的游戏角色也不会被视作合法的比赛队伍。

6 器材

6.1 比赛设备

运动员应遵守下述客户端设置要求，如果运动员错误地进行了客户端设置，裁判员应允许比赛继续，最高可以警告违规运动员，并要求其在下一次比赛暂停时修改为正确的设置。

- 语音聊天：客户端内语音聊天相关所有设置禁止打开。

- 自定义设置：允许运动员自定义调节基础设置，包括高频设置、枪械设置、战斗设置、其他设置。

- 操作设置：允许运动员调节适合自己操作的设置（包括键位布局、灵敏度、物资拾取等）。

- 画面分辨率和刷新率设置：允许运动员自由设置游戏内画质和刷新。
- 音频设置：允许运动员调节适合自己的游戏内音频设置。

6.2 运动员装备

和平精英亚运版本项目中，运动员可以允许使用指套和手速粉（爽身粉）。指套可以自带，但是应当接受裁判员赛前检查；手速粉将由官方提供。违反本条将会被告诫，故意违反将会被警告。

运动员不得使用赛事组织方提供的比赛通信设备以外的任何软件或硬件进行通信，否则将视作非法获取比赛信息。

刀塔 单项规则

1　运动员和队伍官员

1.1　运动员

刀塔是团体项目，每支队伍参加比赛时应当有 5 名首发运动员，每支队伍允许拥有不超过 1 名替补运动员。

本小节其余条款参考电子竞技竞赛规则通则执行。

1.2　替补运动员和替补程序

本小节条款参考电子竞技竞赛规则通则执行。

1.3　队伍官员

在**刀塔**单项规则中，在比赛禁用和选择阶段结束后，教练员必须在 30 秒内离开对战席。

本小节其余条款参考电子竞技竞赛规则通则执行。

2　技术官员

本节条款参考电子竞技竞赛规则通则执行。

3　比赛进行流程

3.1　比赛环节

刀塔比赛包括赛前、赛时和赛后 3 个环节的多个阶段，如表 1 所示。

表 1　刀塔比赛不同阶段的主要活动

环节	阶段	主要活动
赛前	检录检查阶段	检录运动员身份，检查服饰，挑选比赛装备，检查设备
	赛前调试阶段	连接比赛装备，确认客户端版本和区服，登入账号，测试并调整客户端设置，直至运动员确认准备就绪或者所有准备时间消耗殆尽
	优先选择	在游戏客户端内执行优先选择程序，简称"掷硬币"
赛时	比赛开始	当所有运动员准备就绪，裁判员操作客户端开始比赛
	禁用和选择阶段	执行禁用和选择程序，且禁用和选择阶段不计入比赛时间
	比赛进行阶段	比赛开始或恢复进行
	比赛暂停阶段	①局间中场休息，运动员离开比赛席，运动员临时休息，返回比赛席 ②一局比赛中的暂停，争议处置，故障处置
赛后	赛后阶段	比赛自然结束或比赛停止，比赛结果确认

3.2　比赛开始

3.2.1　阵营选择和阵容选择规则

阵营选择和阵容选择顺序将由抛硬币决定。

3.2.1.1　*单局比赛*

掷硬币的胜者决定先进行阵营选择或者先进行阵容选择，对手将有剩下的选择权。

3.2.1.2　*三局两胜比赛*

第 1 局：掷硬币的胜者决定先进行阵营选择或者先进行阵容选择，对手将有剩下的选择权。

第 2 局：掷硬币的败者决定先进行阵营选择或者先进行阵容选择，对手将有剩下的选择权。

第 3 局：重新掷硬币，掷硬币的胜者决定先进行阵营选择或者先进行阵容选择，对手将有剩下的选择权。

3.2.1.2 五局三胜比赛

第 1 局：掷硬币的胜者决定先进行阵营选择或者先进行阵容选择，对手将有剩下的选择权。

第 2 局：掷硬币的败者决定先进行阵营选择或者先进行阵容选择，对手将有剩下的选择权。

第 3 局：掷硬币的胜者决定先进行阵营选择或者先进行阵容选择，对手将有剩下的选择权。

第 4 局：掷硬币的败者决定先进行阵营选择或者先进行阵容选择，对手将有剩下的选择权。

第 5 局：重新掷硬币，掷硬币的胜者决定先进行阵营选择或者先进行阵容选择，对手将有剩下的选择权。

3.2.2 英雄禁用和选择程序

禁用和选择程序应当在游戏客户端内进行。当前版本英雄禁用池中的英雄将会被自动禁用。

每小局天辉夜魇均有禁用和选择阶段的备用时间。备用时间一共分为 4 档：130 秒、100 秒、60 秒、20 秒。

队伍备用时间的不同档位由裁判员根据队伍是否受到相应惩罚而设置。

天辉夜魇禁用和选择顺序和时限根据游戏房间内设置的自动顺序和倒计时进行即可。

3.2.3 禁用和选择操作失误

如果队伍因自身原因导致出现禁用和选择英雄超时，比赛将继续进行。

如果因为环境、设备故障或其他无关因素 / 中立因素导致出现禁用和选择英雄超时，比赛应当暂停，并基于有效的英雄禁用和选择记录进行受控重赛。

3.2.4 最后调整阶段规则

如果英雄选择出现错误，比赛将继续进行。选手禁止互相交换座位或比赛设备，否则应当按照触碰他人比赛设备处罚。

本处其余条款参考电子竞技竞赛规则通则执行。

3.3 比赛暂停

运动员只可以在得到裁判员的同意后才可以暂停比赛，但是必须在暂停后向裁判员阐述暂停原因。可接受的原因包括：

- 网络波动：游戏内网络出现 ping 值 ≥ 30ms 或浮动值 ≥ 10ms。
- 网络断开：游戏内网络出现 ping 值 ≥ 999ms 或断开连接的提示。
- 音频异常：包括但不限于游戏音断开、游戏音剧增或骤减、游戏音断触、耳机单声道现象持续时间超过 10 秒、内部语音通话系统故障等。
- 意外断开。
- 硬件或者软件发生故障（如显示器断电、设备故障或者游戏出现问题）。
- 游戏 bug（发生影响竞技公平性的客户端 bug 或英雄 bug）。
- 外界干扰（如无关人员干扰或者桌椅出现了损坏）。
- 游戏设置出现功能异常。

运动员发生竞赛规则认定的可暂停情况后，可向裁判员提出暂停申请，同时应双手做出"T"形表示，运动员在申请暂停时不得离开座位。暂停后，需裁判员核实情况是否属实，否则将被视为擅自暂停和欺骗行为。

未经主裁判许可，任何人不得擅自解除暂停。

本小节其余条款参考电子竞技竞赛规则通则执行。

第一部分　电子竞技竞赛规则

3.4　比赛自然结束和停止

3.4.1　获胜规则

刀塔单局比赛将持续到产生获胜者为止，摧毁对方遗迹的队伍系统自动判定为获胜者。

3.4.2　同分的名次判定

小组积分赛阶段，积分高者列前。若出现涉及晋级名额的两队积分相同的情况，则根据相互对阵胜局数进行名次判定；若出现涉及晋级名额的三队及以上积分相同的情况，则根据同分队伍间对阵胜局数、总净胜局数、抛硬币的优先级进行名次判定。

本处其余条款参考电子竞技竞赛规则通则执行。

3.5　比赛非法进行

在**刀塔**单项规则中，允许运动员在发生特定事件（参照 3.3 比赛暂停环节）后自行进行暂停，但必须立即告知裁判员暂停原因。

本小节其余条款参考电子竞技竞赛规则通则执行。

4　犯规、违例和对应的处罚

4.1　罚则

本小节条款参考电子竞技竞赛规则通则执行。

4.2　犯规与违例

4.2.1　聊天频道

无论运动员是否故意，都应当遵守下列规定，否则应当被警告：

- 禁止在客户端内聊天功能中发送除比赛流程相关以外的其他任何信息。

139

- 禁止运动员使用聊天轮盘。每局比赛开始之前，均由裁判员对参赛运动员账号进行检查，以确保运动员账号中无聊天轮盘设置。如果在比赛开始后，发现有运动员使用聊天轮盘，裁判员应允许比赛继续，但必须警告该运动员，并要求其在下一次比赛暂停时修改为正确的设置。
- 允许运动员使用信号轮盘。

4.2.2 好友功能

客户端好友与聊天功能需设置为"离线"模式。如果运动员违反本条，裁判员应允许比赛继续，但必须警告该运动员，并要求其在下一次比赛暂停时修改为正确的设置。

本处其余条款参考电子竞技竞赛规则通则执行。

4.3 相应处罚

如果客户端或者比赛异常崩溃，主裁判对于如何处理崩溃的比赛或是否重新创建比赛拥有最终决定权。

本小节其余条款参考电子竞技竞赛规则通则执行。

4.4 常见犯规、违例及相应处罚

本小节条款参考电子竞技竞赛规则通则执行。

5 申诉和仲裁

本节条款参考电子竞技竞赛规则通则执行。

6 比赛场地

6.1 场地条件

本小节条款参考电子竞技竞赛规则通则执行。

6.2　场地区域

本小节条款参考电子竞技竞赛规则通则执行。

6.3　对战席规格

参赛队伍必须在赛前规定时间提交运动员座次表，运动员必须严格按照座次表入座。

本小节其余条款参考电子竞技竞赛规则通则执行。

6.4　场地规范

本小节条款参考电子竞技竞赛规则通则执行。

7　器材

7.1　比赛设备

刀塔项目使用比赛计算机（含显示器及其他配套配件）作为比赛设备。

赛前调试环节，在裁判员的监督下，允许运动员自行调整显示器设置、设备音量、客户端音量，但不允许运动员调整内通音量。

本小节其余条款参考电子竞技竞赛规则通则执行。

7.2　运动员装备

刀塔运动员可以使用键盘、鼠标、鼠标垫、线夹器、键盘托进行比赛。

键盘、鼠标允许使用蓝牙连接的无线装备，但应当通过裁判员检查，并应在裁判员监督下接入比赛网络环境，装备才能被允许使用。

本小节其余条款参考电子竞技竞赛规则通则执行。

7.3 技术台装备

本小节条款参考电子竞技竞赛规则通则执行。

7.4 比赛器材管理

本小节条款参考电子竞技竞赛规则通则执行。

8 赛事服装规格

本节条款参考电子竞技竞赛规则通则执行。

9 游戏大厅设置

- 房间名称：亚运会 AA vs BB。
- 房间密码：是。
- 比赛模式：队长模式。
- 比赛服务器：符合杭州亚组委要求的服务器。
- 联赛门票：亚运会专属联赛门票。
- 优先选择：自动掷硬币（如果出现意外情况，采取手动掷硬币代替）。
- 天辉/夜魇备用时间惩罚：根据实际判罚进行选择。
- 机器人填满空位：无。
- 启用作弊：否。
- 比赛房间可见性：公开。
- 观众允许观战：是。
- DotaTV 直播延迟：15 分钟。

PART 02　　第二部分
电子竞技裁判指南

1　裁判执法通则

1.1　规则精神

电子竞技作为人与人之间通过电子设备和软件程序进行的体育竞技项目，其竞赛需要多样的设备、装备和人员参与。本规则为了明确定义，厘清权责，保障公平，提升比赛的流畅程度。

本规则的处罚方向始终是针对违反奥林匹克精神、破坏比赛公平性和比赛流程的行为，不应使任何犯规的参赛者通过裁判员的判罚而获利。电子竞技项目有着灵活迭代的特征，对于未能及时更新的部分，也应当由裁判员秉承规则精神作出决定。

1.2　裁判员形象

裁判员是竞赛规则的代表，要保持仪容端正，举止合体，以身作则。

裁判员的判罚可以经过裁判团队的快速讨论，但最终的决定应当果断且准确。不遵守规则精神的判罚、反复修改的判罚最容易损害判罚的权威性。

1.3　裁判员权限

竞赛规则赋予了裁判员充分的权力，包括了对事件或物品性质的定性及适当的自由裁量权。裁判员作出一个竞赛规则没有明确规定的判断时，应当考虑该判断是否是符合规则精神所倡导的内容。

裁判员应避免陷入教条主义误区，即仅按照竞赛规则的条款内容进行执法，忽视了沟通的必要性。裁判员有效掌控一场比赛的进行流程，也需要参赛方和裁判员、技术台的认可和配合。

竞赛规则设置的目的是保障比赛在公平的制度中进行，因此裁判员需要灵活掌握"有利原则"，以确保犯规的一方不会因为裁判员的判罚而获利。

1.4 裁判员判罚的原则

规则授予了裁判员酌情考量情况的权力，裁判员不应使任何不遵守竞赛规则的队伍通过判罚而获利。当犯规或违例的一方的行为需要暂停比赛时，如果对手方有明显的合规获胜机会或得分优势，则应当先由对手方完成优势后再进行暂停。除非对手方并未完成裁判员预期的优势，或该优势被对手方主动放弃，则应当立即暂停比赛。

当比赛因任何意外暂停或停止，裁判员根据规则判罚后，某一参赛方会从意外中获利。由于该获利行为是被动的、不可预知的，因此将被认为是合规获利。

2 技术官员分工和程序

2.1 技术官员资格

技术官员包括技术代表、裁判员和经技术代表认可的，服务于比赛过程的岗位。技术官员的组织架构为技术代表—主裁判—副裁判—其他技术支持类技术员。主裁判和副裁判在国际综合性运动会中对应为国际技术官员和国内技术官员。

技术官员要符合以下条件：

- 经医务部门检查证明身体健康。
- 拥有与赛事等级对应的技术官员资质。
- 符合各项目竞赛规程和竞赛规则有关规定。

2.1.1 技术代表

技术代表是所有裁判工作的总负责人，应与大会组委会共同保证全部比赛的技术性安排完全符合电子竞技竞赛规则的规定。技术代表通常在技术台督导，并履行其职责：

- 主持裁判员赛前会议。
- 在赛前主要负责对裁判员的选调、委派，同时对竞赛日程、比赛器材、报名标准、报名资格进行审核。

- 赛时监督整个比赛是否按竞赛规程要求进行，对各项目主裁判工作给予一切必要的支持。
- 在需更换裁判员时，按照递补规则监督裁判员的更换。
- 比赛结束后，负责审核成绩，在电子竞技项目成绩单上签名。
- 如果发现不符合规则规定的问题并认为需要提出改进意见时，应尊重临场主裁判最终比赛结果的决定权，可后续提出建议并向赛事组委会汇报。

2.1.2 裁判员

2.1.2.1 主裁判

主裁判具有本场比赛现场最高的判罚权力。一场比赛仅能有 1 名主裁判。主裁判通常位于技术台，并履行其职责：

- 参加裁判员赛前会议。
- 监督比赛各环节的运行和场地内的人员活动，包括监看和监听。
- 监督其他裁判员和技术员的工作。
- 与副裁判保持沟通，发出裁判员口令，同时做出相关手势。
- 处理运动员换人申请。
- 对比赛中的争议做出判罚。
- 记录比赛结果，并将比赛中的事件报告给技术代表。

2.1.2.2 副裁判

副裁判具有本场比赛现场判罚的权力。一场比赛仅能有 2 名副裁判。副裁判通常位于对战席两侧，并履行其职责：

- 参加裁判员赛前会议。
- 主持参赛方的赛前检录、服饰和装备检查工作。
- 确保参赛方的运动员在对战席上和比赛房间内处于正确的位置。
- 监督并记录对战席的运动员行为和赛果；监听运动员之间、运动员和队伍官员之间的通话。

- 将参赛方的违规嫌疑告知主裁判，并进行判罚。
- 协助主裁判处理比赛中的争议，对接技术台，并提供判罚信息。
- 协助主裁判完成赛后报告。

2.1.2.3 助理裁判

助理裁判不具备判罚权力。如果同一场比赛仅有两个参赛方参与时，可以不设助理裁判；如果同一场比赛的参赛方超过两个，则每多出一方就需要多配备 1 名助理裁判。助理裁判通常位于各个对战席中（不与副裁判相同），并履行其职责：

- 参加裁判员赛前会议。
- 协助副裁判的赛前工作。
- 监督、记录、上报其负责的对战席区域相关场上运动员的行为和赛果。
- 协助主裁判、副裁判处理比赛中的争议。
- 协助主裁判完成赛后报告。

2.1.3 裁判员权力

裁判员的权力从赛前准备时就开始生效，直到该场比赛被宣布完全结束（表1）：

表1 主、副、助理裁判权力

裁判员权力	主裁判	副裁判	助理裁判
执行竞赛规则	有权	有权	有权
记录比赛	有权	有权	有权
作出判罚	有权	有权	
决定人员进出	有权	有权	
决定比赛进行	有权		
解除技术台的权限	有权		

裁判员应当在规则所定义的范围内严格执法，并提供最恰当的判罚结果。裁判员作出的判罚应当仅参考以下信息：

- 裁判员亲自确认的已经发生的事实。

- 电子竞技竞赛规则和规则精神。

- 其他技术官员提供的意见。

当多名裁判员的意见发生分歧时，由主裁判作出最终的判罚。但无论如何，裁判员的判罚不能使违反规则的参赛方因为该判罚而获得利益。

裁判员无须对以下情况承担责任：

- 运动员、队伍官员或其他人员的健康问题。

- 任何形式的财产损失。

- 因为按照电子竞技竞赛规则和规则精神而作出的判罚，导致任何个人、参赛方、公司或其他各类机构任何形式的损失。

2.1.4　变更判罚

当任意一名具有判罚权力的裁判员作出判罚后，该判罚是当场生效的。仅有同时符合以下情况才允许主裁判修改判罚：

- 比赛未进行。

- 基于事实的确认，判罚出现了明显的误判或漏判。

当判罚生效且比赛已经遵循该判罚重新恢复进行时，不应当再次修改判罚，除非：

- 修改判罚会导致一局比赛、一场比赛的结果发生变更。

- 当判罚生效且比赛已经全部结束（即赛果已确认）时，不可再次修改判罚。无论如何，判罚的变更都应当写入裁判员赛后报告中。

2.1.5　更换裁判员

当任何一名裁判员无法继续履行职能时，可以更换裁判员。

更换裁判员的程序如下：

- 技术代表宣布需更换裁判员。
- 比赛无须暂停，除非会因此失去监管。
- 由临时代任的人员立即接替需更换裁判员的职能。
- 如果需要更换为替补的裁判员，则需代任人员行使相关权力直至替补的裁判开始行使权力为止。

2.2 技术台和辅助技术员

2.2.1 技术台

技术台（RTA，referee & technical area）是比赛场地的一部分，是在比赛场地内的技术员工作区域，为裁判员提供比赛信息、技术保障、沟通协助和计时记分协助。主要构成如图1所示。

除了裁判员外，技术台上还应该有其他若干名技术员，包括至少1名回放员、1名IT技术员和1名记录员。此外，还可以选配1名技术台监督进行辅助。1名技术员在有能力兼顾多个岗位时，可以兼任多个技术员职能。

未经裁判员许可，任何运动员、队伍官员禁止进入技术台区域，否则被警告。任何比赛无关人员始终禁止进入技术台区域，否则被驱离。

2.2.2 辅助技术员

本指南所述技术员团队特指负责竞赛职能的技术员，除了裁判员外，通常包括回放员、记录员、IT技术员、技术台监督。

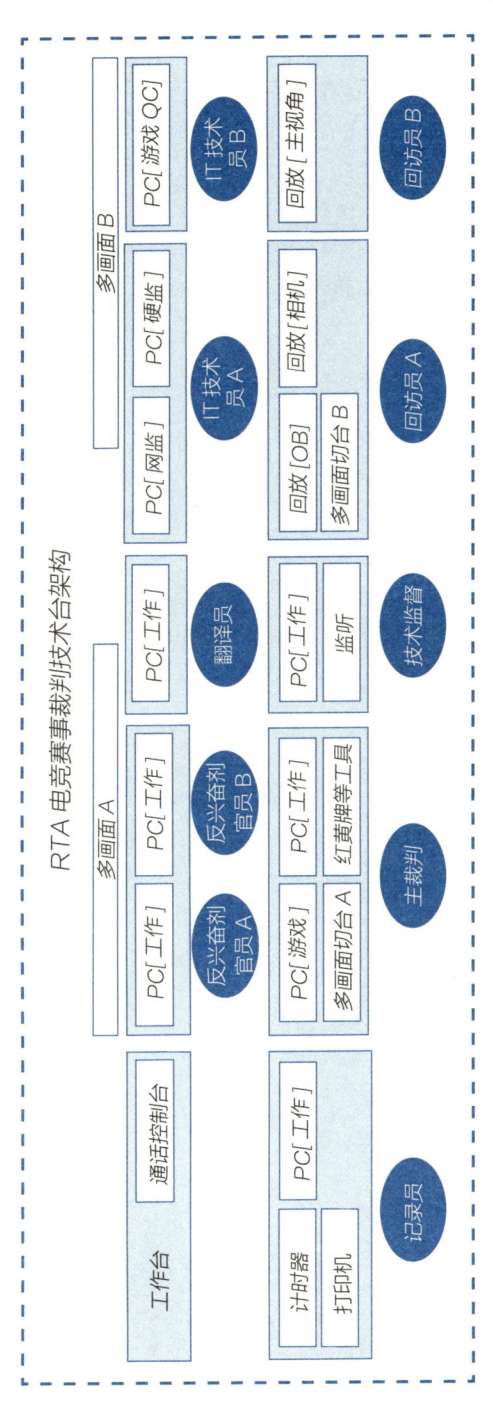

图1 RTA 电竞赛事裁判技术台架构

（注：翻译员、反兴奋剂官员属于职能人员，竞赛规则和裁判法中不对其进行约定）

151

回放员、IT 技术员、记录员、技术台监督、官方翻译员都应当听从裁判员指令，并协助履行裁判员的职责。技术台没有作出判罚的权力，但需要如实提供和传达信息辅助裁判员作出判罚。

2.2.2.1. 回放员

回放员应当掌握即时回放技术，当裁判员需要查看回放时，负责将比赛中的任何进程片段进行调取并提供给裁判员。回放员具备以下职责：

- 在裁判员要求时，调取比赛回放或视频回放。
- 观察比赛进程，提供裁判员可能忽视的判罚信息。

2.2.2.2 IT 技术员

IT 技术员负责监控和保障比赛设备、网络环境、电气环境、客户端、竞赛相关软件的稳定性。当裁判员需要获得设备、环境、软件信息时，IT 技术员负责将相关信息进行调取并提供给裁判员。IT 技术员具备以下职责：

- 参与并协助裁判员进行设备和运动员装备检查。
- 监控竞赛相关软件、硬件、环境、客户端、服务器的稳定性。
- 当发生故障时，协助裁判员恢复比赛设备，并向裁判员提供故障严重性判断建议。

2.2.2.3 记录员

记录员负责全程记录比赛时间和次数等内容，并提供相关信息，以协助裁判员监管比赛流程和作出判罚。记录员具备以下职责：

- 记录竞赛规则中所明确提及的时间。
- 记录比赛暂停的时间和暂停用时时长。
- 记录比赛停止的时间。
- 当裁判员给出一个时间指令时，记录该时间和对应的用时时长。
- 记录裁判员作出判罚的时间点。
- 在计时或倒计时快结束前给出示意。

- 在计时或倒计时结束时给出示意。
- 记录比赛得分和赛果。
- 记录运动员和队伍官员的被警告、处罚次数。
- 填写比赛记录表。

2.2.2.4 技术台监督

技术台监督不是技术台必须配备的人员。在裁判员和回放员无法全面监控比赛，信息容易出现明显遗漏的时候，或是现场裁判员离技术台非常远的时候，建议配备技术台监督。

技术台监督负责协助裁判员和技术台所有技术员，观察、监看、监听比赛进程，并为裁判员和技术台提供可能忽视的判罚信息，保障团队沟通更高效。

2.2.3 更换技术员

当技术员不能履行其职责时，应当由赛事组委会委派其他具有资质的人员在裁判员同意后代为履行其职责。更换技术员不需要暂停比赛。

2.3 赛前程序

2.3.1 赛前会议

赛前会议是必要的。每一位裁判员都是基于竞赛规则进行执法，但是裁判员对规则的解读、经验丰富程度、赛场信息的阅读能力都不会完全一致，因此需要通过赛前会议提前确定工作目标和工作方式。赛前会议应包括：

- 对于竞赛规则中解读不一致的地方达成共识。
- 明确副裁判、助理裁判应当怎样配合主裁判工作。
- 对参赛方和比赛可能出现的突发情况做风险预案。
- 明确一套快速沟通的方法，如手势。

2.3.2 赛前检查

裁判团队需要在运动员入场检录之前完成对比赛场地、比赛环境和比赛设备的检查。该工作通常由主裁判带领裁判团队分工完成，包括：

- 对战席尺寸是否符合规定。
- 对战席是否反光、是否可能窥屏。
- 运动员坐序是否正确。
- 通信耳机白噪声是否达到隔音标准。
- 通信手机电量是否充足；PC 的 CPU/GPU/ 内存占用量是否正常。
- 比赛反作弊 / 数据监控相关程序是否正常运行。
- 客户端版本号、区服是否正确。
- 网络传输是否正常稳定。
- 运动员摄像头画面是否正常、稳定。
- 场上是否有未经授权或不明的物体。

2.3.3 运动员检录分工和程序

赛前检查检录指运动员抵达等候区（检录区）后、正式登台进行设备调试之前的阶段。裁判团队在本阶段应当执行以下工作：

- 主裁判：协调赛前检查，并负责与技术台、参赛方进行赛前沟通。
- 副裁判：对参赛方的身份进行核查，检查运动员服饰是否符合规范，检查有无随身携带通信装置、未经授权的食物 / 饮品 / 药品、与比赛无关的任何物品，并引导运动员挑选外设装备，检查装备电量等工作。
- 助理裁判：协助主裁判、副裁判的工作。

2.3.4 运动员调试分工和程序

裁判员应在比赛开始前根据竞赛规则、秩序册（或技术手册）、突发情况等重点事项对参赛方作出宣讲。参赛方所有成员有义务了解并严格遵守赛前宣讲里的所有注意事项。

如果参赛方违反宣讲的事项，裁判员有权作出判罚。

- 主裁判：监督技术台的准备工作，沟通参赛方进行选边程序，把控调试时间，监督裁判员对调试工作的反馈。
- 副裁判：对参赛方宣讲规则，监督参赛方的运动员进行调试。
- 助理裁判：监督对战席相应运动员的调试工作。

2.4 赛中程序

2.4.1 比赛进行中的分工和程序

- 主裁判：在技术台上负责观战全场比赛进度（主裁判应该能同时监督比赛场上的情况和游戏内的对局情况），受理暂停申请和换人申请，作出最终判罚。
- 副裁判：监督参赛方的运动员比赛行为。
- 助理裁判：监督对战席相应运动员的比赛行为。

2.4.2 比赛暂停期间的分工和程序

- 主裁判：基于技术台和其他裁判员的信息，对比赛暂停的情况作出判断（无须参考演播人员或参赛方的任何意见）。如果暂停时间过长，应当根据竞赛规则重赛或停止比赛。
- 副裁判：收集对战席上的必要信息，并前往技术台协助主裁判，必要时可以协助管理替补席和队伍官员。监督对战席所有人员的行为，尤其是暂停期间的运动员沟通行为。
- 助理裁判：协助副裁判的工作。

2.4.3 比赛中场休息期间的分工和程序

- 主裁判：把控中场休息的时间，受理换人申请，确认记录员的比赛记录内容，监督下一局比赛的准备工作。
- 副裁判：与主裁判共同确认记录员的比赛记录内容，复盘中场休息前比赛遇到的问题或程序上的不足。注意提醒运动员和队伍官员提前到场准备下一局比赛。

- 助理裁判：协助主裁判、副裁判的工作。

2.5 赛后程序

2.5.1 比赛停止后的分工和程序

- 主裁判：宣布比赛停止和技术台确认赛果。
- 副裁判：监督参赛方的赛后行为，直到他们离开比赛场地。
- 助理裁判：协助主裁判、副裁判的工作。

2.5.2 赛后会议和报告

赛后，裁判员进行赛后会议并撰写赛后报告是有必要的，目的是能记录下判罚的情形、换人记录、赛果和裁判团队考量，是赛后仲裁和赛果合规性的重要参考文件。比赛一切非正常进行的因素，都应当记录在赛后报告中。

赛后报告不应由技术台代为完成。最终的报告必须获得裁判团队的一致认可，并提交给赛事组织方存档。

2.6 线上执裁

当组织线上赛时，裁判员应当参照线下执裁的选调方式和程序，使用视频、语音聊天工具等途径远程检查、检录、控制比赛进程。

3 裁判员的沟通

3.1 电子竞技赛事场景常用术语

本小节对与现场比赛相关的常用术语进行简述，其他术语和缩写可以查阅第一部分电子竞技竞赛规则中的附录一。

3.1.1 赛前

比赛账号检查：保证运动员参赛所用的比赛账号处于随时可正常进行比赛的状态。

赛事设备检查：根据比赛设备检查清单，对比赛使用的相关设备进行检查，确保设备处于可正常进行比赛的状态。

比赛服务器：在电子竞技比赛中，可承载多人在线，并提供网络连接和系统资源的计算机系统。所有参选运动员都需要连接到比赛服务器当中。

比赛昵称（ID）：运动员在比赛所展示的游戏界面中的名称，通常由队伍名称和选手个人姓名（或昵称）所组成。

双赛赛制（GSL 赛制）：区别于普通的双败淘汰制，GSL 赛制还可以比瑞士轮或者组内循环，用更短的赛程确定同组 4 支队伍的排序。为小组赛阶段即进行双败淘汰，赢得两场比赛的队伍获得晋级资格，输掉两场比赛的队伍将会被淘汰。

3.1.2 赛中

禁用和选择：在对局开始之前，针对双方队伍特点禁用和选择英雄或地图等，以对对方进行克制。

选边：在对局开始之前，选择队伍所属阵营。

丢包：当服务器或客户端之间的数据在传输过程中出现数据包丢失。

延迟 / 卡顿：各式各样的数据在网络介质中通过网络协议（如 TCP/IP）进行传输，如果信息量过大不加以限制，超额的网络流量就会导致设备反应缓慢，造成网络延迟 / 卡顿。

bug：bug 是指开发过程中出现暂时无法修复的，可能会造成不公平竞赛的程序错误。裁判需要熟悉各项目《版本须知》中被明确提出的 bug，未被提出的 bug，裁判员可以根据对比赛的公平性影响进行裁定。

3.2 裁判位置

对战席上的裁判员应当尽最大可能性确保自己能够看清运动员的行

为，尤其是比赛过程中选手做出的手势，尽量快地响应他们的申请和诉求，应避免干扰比赛正常进程的情况发生。如果裁判员认为走动能够获得更清晰的监管视野，那么该行为则是合规的。

比赛进行过程中，裁判员应站在选手正后方或者侧后方，注意自身视角范围。比赛暂停过程中，裁判员无须站在运动员正后方或者侧后方，可以正面面向运动员进行监管。

3.3　与运动员沟通

裁判员不得对任何运动员、参赛队伍、队伍官员，以及其他个人展示出喜爱、厌恶或其他偏见。

裁判员没有义务解释自己的判罚。任何过度、过激干涉裁判员判罚的运动员和队伍官员，都应当被处以警告。

3.4　与技术员沟通

比赛的大部分时间内，主裁判都应当在技术台监管比赛的进程。除非主裁判在技术台无法清晰掌握比赛的情况，那么此时他可以离开技术台前往其他区域。

技术台是裁判员的关键辅助角色，需要为裁判员提供所有比赛流程所需的技术支持，包括时间提醒、比赛记录、比赛回放、比赛监听、IT 和技术保障等。

技术台必须随时监控比赛的进度，当发现比赛异常时，应当立即提醒裁判员注意，由裁判员判断该异常是否干扰了比赛进程。技术台不应当取代裁判员作出任何判罚。

当裁判员的判罚与技术台记录的事实出现明显不同时，技术台也应当立即提醒裁判员。但最终的判决仍然由裁判员决定。

必要时，经过裁判员许可，技术员可以进入比赛场地内进行工作和参加裁判赛前、赛后会议。

3.5 裁判员口令和手势

裁判员手势的引入是为了避免第三方对判罚结果的误读和误传，保障裁决的透明性，减少跨语言沟通的障碍，加大沟通效率。竞赛规则赋予了所有裁判员使用手势的权力，在作出裁定时，主裁判应该发出口令，同时配以相关的手势。

裁判员的口令应当简洁明了，清晰、明确地传递给所有的运动员。裁判员口令可以通过内部通话语音、光信号显著变化等明确提醒运动员。除了裁判员的口令和手势以外，裁判员非必要时无须进行任何肢体语言，尤其无须通过肢体语言解释自己的判罚。

裁判员的口令和手势如表2所示。

表2 裁判员口令和手势示意

类型	信号名	口令	手势示意图	说明
信息信号	同意/允许	同意		点头，同时喊出："同意"。避免使用竖大拇指或OK手势，因为在某些国家里这些是有歧视的含义
	不同意/拒绝	拒绝		双臂五指并拢，在胸前交叉呈"X"形，同时喊出："拒绝"
	暂停	比赛暂停		双手五指并拢，一手在上呈水平形态，一手在下呈垂直形态。下方手指尖顶住上方手心正中间，呈"T"形。在和技术台确定后，应该向选手喊出口令，明确暂停原因
	停止	比赛停止		五指握拳，双臂直上举，可执旗

续表

类型	信号名	口令	手势示意图	说明
判罚信号	犯规	（某队／某人）犯规		单手直举起，随后指向犯规方，并保持1~3秒钟
	标准／受控重赛	比赛重赛		双手五指并拢，手臂上举，小臂在空中轻微转两圈
	当局判负	本局（某队／某人）判负		双手五指并拢，双臂水平张开伸直，然后对判负方对战席连续2次手臂快速伸展和收回

续表

类型	信号名	口令	手势示意图	说明
判罚信号	当场判负	本场（某队/某人）判负		五指握拳，双臂直上举，然后对判负方对战席连续3次手臂快速伸展和收回
	警告	警告一次		面向犯规人员，单手五指并拢，指向犯规人员，另一只手高举出示1张黄牌
	罚离出场	驱逐出场		面向犯规人员，单手五指并拢，指向犯规人员，另一只手高举出示1张红牌
判罚信号	变更判罚	判罚变更		手臂向下交叉摆动多次。注意不要做成"不同意/拒绝"

4　紧急事件处理

4.1　短时间内可恢复比赛的事件

4.1.1　游戏内突发事件

当运动员反馈出现了 bug 时，裁判员不应当立即许可暂停，而需要根据当前比赛进行情况及该 bug 对比赛的干扰程度，由主裁判综合进行评估是否暂停比赛。唯一例外的情况是该 bug 已经在各项目细则中明确规定允许裁判员先暂停后进行检查。

干扰程度的判定需要综合考虑：

- 当前局面双方的接触程度。
- 当前是否有明显优势方。
- bug 是否是已知的或赛前告知过参赛方的。
- 应当立即暂停还是延时暂停。

当项目没有暂停功能时，裁判员也可以根据上述影响情况评估比赛继续或重赛，以及是否要追加补偿。

4.1.2 设备突发事件

仅有当比赛设备出现严重的性能问题，导致比赛无法进行时，该设备才允许被更换（表 3）。

表 3　比赛不同阶段需更换设备的操作方法

设备突发事件	比赛未开始 / 暂停 / 停止	比赛正在进行中
未明显影响比赛进程：无须更换比赛设备	应当在裁判员发现问题 3 分钟内完成检修或更换为备用设备，否则比赛应当开始或继续。	比赛继续，在下一次比赛暂停时检修或更换为备用设备
明显影响比赛进程：需更换比赛计算机或比赛手机	直接更换为备用比赛设备，处理完毕后才可以开始或继续比赛	比赛暂停，直到已经更换为备用设备并进入到比赛中，比赛才可以继续进行
需更换通信设备	直接更换为备用通信设备，处理完毕后才可以开始或继续比赛	比赛暂停，直到已经更换为备用设备并进入到比赛中，比赛才可以继续进行

备用比赛设备参数应当与其他同类型比赛设备一致，以确保所有运动员都在公平的比赛环境下进行对抗。

更换比赛设备的程序如下：

- 运动员告知裁判员比赛设备问题并提出需要更换。

- 裁判员判断设备问题是否符合上述暂停条件。

- （如果是）比赛暂停并更换为备用比赛设备。赛事组织方应保证设备的更换时间不超过 10 分钟。更换后，在裁判员监督下，运动员重新获得规定的调试时间。运动员完成设备调试，进入比赛。裁判员恢复比赛。

- （如果否）比赛继续。

4.1.3 运动员装备突发事件

装备失效、使用任何未经许可的装备，或以任何未经许可的方式使用装备，均视作违规使用比赛装备（表 4）。

表 4 比赛不同阶段需要更换设备的操作方法

装备突发事件	比赛未开始/暂停/停止	比赛正在进行中
裁判员认为该装备没有明显影响比赛	比赛不得开始或恢复进行，直到裁判员确认运动员装备符合规范	比赛继续，裁判员需指出该装备问题，并在下一次比赛暂停时进行更换；直到裁判员确认运动员装备符合规范后，比赛可以开始或恢复进行
裁判员认为该装备明显影响了比赛，但无法确认	比赛正常进行，运动员有义务保障比赛装备的有效性	比赛继续，并在下一次比赛暂停时进行更换；直到裁判员确认运动员装备符合规范后，比赛可以开始或恢复进行
裁判员认为该装备明显影响了比赛，且能够确认	比赛不得开始或恢复进行，直到裁判员认为运动员装备符合规范	比赛暂停，直到裁判员确认运动员装备符合规范后，比赛可以恢复进行

更换比赛装备的程序如下：

- 运动员告知裁判员，裁判员同意更换或由裁判员指出装备需要更换。

- 完全移除要被更换的装备。

- 运动员将新装备交由裁判员检查通过。

- 在裁判员监督下，运动员安装和调试新装备。

- 装备更换应在 15 分钟内完成。

4.1.4 网络突发事件

网络突发事件往往分为两类：网络环境失效和网络波动。

网络环境失效指对战席大面积出现网络卡顿、延迟、丢包甚至掉线的情况，这通常是本地比赛网络或运营商干线出现问题。裁判员必须在确认网络能正常稳定比赛时才可以开始比赛；如果在比赛进行中出现网络环境失效，裁判员应当暂停比赛（无法暂停的项目应当根据比赛受干扰程度评估继续或重赛）；如果网络环境长期失效，比赛应当被停止，并交由主裁判作出裁决。

网络波动指对战席一名或多名运动员出现网络短暂性卡顿、延迟、丢包的情况，而其他运动员正常，这主要考虑是本地比赛网络、比赛设备（包括软件程序）导致的。各项目原则上均有细则规定具体的网络波动情况及处理流程。如果在比赛进行中出现网络波动，裁判员应当根据比赛受干扰程度评估继续、暂停或重赛；比赛未开始或暂停时应当尽快更换网络环境或比赛设备，确保网络恢复运行；如果网络长期失效，比赛应当被停止，并交由技术台 IT 技术员判断，由主裁判作出裁决。

4.2 短时间内无法恢复比赛的事件

当现场发生断电、舞台损毁、网络瘫痪、群体事件等，且均是不能在短时间内恢复比赛的情况，裁判员应在保障运动员和自身人身安全的前提下，按照以下流程进行处理：

- 先判定比赛暂停，并向赛事组委会、技术委员会和赛场安保部门报告相关情况。

- 组织技术台留存该场次比赛相关数据。

- 许可运动员有序退场。

- 如比赛秩序快速恢复，主裁判有权令运动员继续比赛或重赛。

- 如短期无法恢复比赛，主裁判有权提前结束本场比赛。

4.3 应急医疗

当场上的运动员因受伤或医疗需求无法继续比赛时，主裁判应当第一时间暂停比赛，并确保该运动员能第一时间送医治疗。仅有运动员能快速恢复健康时才允许比赛恢复进行；在确认运动员短期内无法返回现场时，本局比赛应当按照场上运动员人数不足处理，并在下一局比赛前启动换人替补程序，该运动员被视作替换下场。

当场上运动员发生以下情况时，需主裁判额外关注，并由第一副裁判或第二副裁判（取决于是对战席哪方的运动员）及时介入：

- 严重的外伤。
- 突发的内科疾病（如心脏骤停）。
- 流血。

当裁判员认为场上运动员的受伤是非常轻微的，比赛无须暂停；当替补运动员、队伍官员受伤时，比赛也无须暂停，但主裁判仍需确保受伤人员第一时间送医治疗。

受伤和医疗暂停相关事件，应当写入裁判员的赛后报告中。

5 犯规、违例和对应的处罚

5.1 罚则

5.1.1 裁判员权力范围

本处条款参考第一部分电子竞技竞赛规则通则执行。

5.1.2 判罚生效期和有效期

本处条款参考第一部分电子竞技竞赛规则通则执行。

5.1.3 裁判员判罚原则

根据不同的电子竞技项目，裁判员应详细学习和了解该项目在场景和行为上的特殊性后，再进行执裁。

本处其余条款参考第一部分电子竞技竞赛规则通则执行。

5.1.4 确定判罚程度的原则

在对犯规和违例作出判罚的时候,裁判员可以参照以下准则,来界定犯规:

- 是否破坏了程序正义。
- 是否拖延了比赛。
- 是否具有针对性。
- 是否增强了自己。
- 是否削弱了对手。
- 是否是主观故意。
- 是否在直接对抗中。
- 结果是否获利。
- 是否影响了比赛走势。
- 后果是否严重。
- 是否违反体育精神。

同时,可以依照以下的准则,来确定判罚的尺度,或者决定是否升级判罚。①~④是较为基础的犯规或违例特征,⑤~⑩是较为严重的犯规特征,⑪⑫是极为严重的犯规特征。

① 介入了进行中的比赛。

② 明确的主观故意。

③ 介入了对抗。

④ 结果获利。

⑤ 影响了比赛走势。

⑥ 拖延了比赛。

⑦ 重复该行为。

⑧ 不遵守程序。

⑨ 明显增强了己方竞技能力。

⑩ 明显削弱/干扰了对手。

⑪ 明显违反体育精神。

⑫ 仇恨/侮辱/歧视/暴力。

5.2 犯规与违例

本小节条款参考第一部分电子竞技竞赛规则通则执行。

5.3 相应处罚

5.3.1 技术判罚

技术判罚指对正在进行的比赛进程、结果进行技术干涉的判罚模式。技术判罚的对象通常是参赛方整体，但也可以是具体的某一个人。

技术判罚主要有：消除影响、重赛、罚分、当局判负、当场判负、补偿。

5.3.1.1 消除影响

消除影响是一种技术处理方式，是指将裁判员认为对比赛进程造成了额外干扰的一切因素消除或抵消。

- 若客户端内有比赛回流功能：主裁判暂停比赛，根据各项目规则要求，通过比赛回流的方式消除影响后恢复比赛。

- 若客户端内没有比赛回流功能：主裁判暂停比赛，裁判员确认状况后，根据各项目规则要求，以补偿、标准重赛、受控重赛形式恢复比赛。

如果该干扰因素是由一方参赛运动员、队伍官员引起的，那么判罚时不应使该方通过消除影响的手段获利。主裁判决定如何消除影响时，无须征集除了其他裁判员和技术台以外的任何人的意见。

5.3.1.2 重赛

重赛指该局比赛无效，需要重新进行该局比赛，并重新产生比赛结果，包括标准重赛和受控重赛。标准重赛指完全重新开始新的一局比赛，不保留任何上局比赛记录；受控重赛指根据项目规则，应当保留一部分上局比赛的结果，并在还原该结果的基础上重新进行新的一局比赛。

重赛的程序如下：

- 裁判员明确下达重赛判罚。
- 场上运动员退出比赛，并等待裁判员重新进入比赛的指令。此时不能启用换人替补程序，场上运动员也不能离开对战席。
- 裁判员下达重新进入比赛的指令。
- （受控重赛时）运动员在裁判员监督下，听从裁判员指令，还原上一局比赛的部分结果。
- 比赛恢复进行，重赛程序完成。

5.3.1.3 罚分

罚分是技术判罚的一种，被判罚的参赛方失去某一回合的分数，或失去/增加指定的时间，或失去某一机会次数。罚分对分数、时间、次数的调整始终是会使被判罚的参赛方获得更加不利于比赛获胜的。

罚分的程序如下：

- 裁判员确认需罚分的事实和罚分程度。
- 裁判员明确向某一参赛方下达罚分判罚。
- 比赛继续，由记录员负责记录本次罚分内容，并在比赛记录时合并考虑。
- 该局比赛记录产生时，罚分结果立即生效。
- 根据罚分结果，决定比赛是否继续。

如果由于罚分对已发生的比赛造成了影响，导致需要补赛的，应当以受控重赛的方式进行补赛。

5.3.1.4 当局判负

当局判负仅在比赛进行阶段或比赛暂停阶段可以进行判罚，被判罚的队伍失去该局比赛的胜利，或视作该局比赛未完成。

当局判负的程序如下：

- 裁判员确认判罚的事实依据。
- 裁判员明确将某一参赛方当局判负。
- 比赛应立即暂停，被判罚的参赛方失去本局胜利资格。
- 判罚立即生效，当局判负程序结束。

5.3.1.5 当场判负

当场判负在该场比赛第一局比赛开始后，直到全场比赛赛果确认之前，均可以进行判罚。被判罚的队伍失去该场比赛的胜利。

当场判负的程序如下：

- 裁判员确认判罚的事实依据。
- 裁判员明确将某一参赛方当场判负。
- 比赛应立即暂停，被判罚的参赛方失去本场胜利资格。
- 判罚立即生效。

5.3.1.6 补偿

补偿指裁判员按照竞赛规则修改参赛方的分数或胜利局数，目的是冲抵其失去的利益。所有补偿都需要被裁判员和技术台记录并报告给赛事组织方。

仅有以下情况允许裁判员补偿：

- 比赛因外部原因（如观众干扰）或客观情况（如比赛设备故障）中断，导致参赛方的明显优势消失，且无法通过比赛回流、重赛的方式消除影响时。
- 当裁判员变更判罚，且需要恢复参赛方因原判罚受损的利益时。

补偿执行应当遵守以下原则：

- 补偿不应超出参赛方因为该状况失去的利益范围。
- 补偿不应包括纪律处罚。
- 补偿包括补偿分数（局内得分或回合胜利）和补偿胜局两种方式，不包括补偿胜场。裁判员不能直接判定一方当场获胜，应当根据补偿后的结果计算得出比赛赛果。具体补偿方式参照各小项细则。

5.3.2 个人处罚

个人处罚指对指定人员进行行为约束的处罚模式。个人处罚的对象通常是运动员或队伍官员的个人。

个人处罚主要有：告诫、警告、罚离出场、取消比赛资格。

5.3.2.1 告诫

告诫是一种较弱的个人处罚，用以纠正相关人员在比赛过程中的无意犯规和违例。告诫不计入赛会期间个人处罚的统计，但当运动员或队伍官员同一场比赛内被 2 次告诫，裁判员将会升级成为 1 次警告，之后所有符合告诫的判罚都处以警告。

告诫的程序如下：

- 裁判员明确相关事实。
- 裁判员明确通知被告诫人。

5.3.2.2 警告

警告是一种较强的个人处罚，用于提醒相关人员的行为已经明显违反规则要求或干扰了比赛秩序。裁判员应向被判罚警告的人员明确公示。警告有效期将一直保持到该场比赛全部结束，同一场比赛中累计 2 次警告，判罚将会升级为罚离出场。警告的记录将被保留至整个赛会结束，被视作累计个人处罚次数。整个赛会期间累计警告 4 次，将会被禁赛 1 场。

警告的程序如下：

- 裁判员明确相关事实。
- 裁判员明确通知被警告人。

- 裁判员判决警告，并做出示意。
- 警告立即生效，裁判员和记录员均需登记此判罚。

5.3.2.3 罚离出场

罚离出场是次严重的个人处罚，用于立即告知相关人员停止行为并将其驱离比赛场地。被罚离出场的人员应当被做出示意。

罚离出场指该人员须立即离开比赛场地返回休息室，不应停留在对战席、替补席区域。

罚离出场如果发生在第一局比赛开始之前，因此导致参赛方场上运动员人数不足，则仍然允许执行替补换人程序，并按正常流程进行比赛。罚离出场如果发生在一局比赛进程中，则本局比赛判负，再执行替补换人程序；如果伴有当场判负，则比赛停止。

本场被判罚离出场的运动员，下一场将自动禁赛 1 场。赛会期间 2 次被判罚离出场的，将会被取消本次赛会的比赛资格。

罚离出场的程序如下：

- 裁判员明确相关事实，比赛应当暂停。
- 裁判员明确通知被罚离出场的人员，并做出示意。
- 罚离出场立即生效。该人员需在短时间内整理完其装备后，立即离开比赛场地。被判离场的运动员须在 3 分钟内离场，否则直接判负。
- 裁判员根据犯规发生的时间，决定是否进行替补换人程序。
- 裁判员根据犯规类型，决定进行下一局比赛，或停止比赛。
- 裁判员和记录员均需登记此判罚。

5.3.2.4 取消比赛资格

取消比赛资格是最严重的个人处罚，用于立即告知相关人员停止行为并将其驱离比赛场地，同时取消其在后续所有场次比赛的参赛资格，并没收该人员的参赛证件。

被取消比赛资格的人员应当被做出示意。

取消比赛资格指该人员须立即离开比赛场地返回休息室，不应停留在对战席、替补席区域。

取消比赛资格如果发生在第一局比赛开始之前，因此导致参赛方场上运动员人数不足，则仍然允许执行替补换人程序，并按正常流程进行比赛。取消比赛资格如果发生在一局比赛进程中，则本局比赛判负，再执行替补换人程序；如果伴有当场判负，则比赛停止。

取消比赛资格的程序如下：

- 裁判员明确相关事实，比赛应当暂停。
- 裁判员明确通知被取消比赛资格的人员，并做出示意。
- 取消比赛资格立即生效。该人员需在短时间内整理完其装备后，立即离开比赛场地。被判离场的运动员须在 3 分钟内离场，否则直接判负。
- 裁判员根据犯规发生的时间，决定是否进行替补换人程序。
- 裁判员根据犯规类型，决定进行下一局比赛，或停止比赛。
- 裁判员和记录员均需登记此判罚。

5.3.3 团队处罚

个人处罚中的警告计为 1 次个人处罚次数，罚离出场计为 2 次个人处罚次数，取消比赛资格计为 4 次个人处罚次数。当运动员或队伍官员的累计个人处罚次数超过 5 次，整个团队将会在下一场比赛中的首局被判负，以 0-1 的比分开局。

在裁判员认为是全队运动员普遍性犯规时，个人处罚应该给予队长，因其管理队伍秩序失职。

因同一连续行为触犯多个违规条款时，应当针对其触犯的最严重的处罚条款进行，而并非由于同一行为多次给予个人处罚

5.4 犯规、违例及相应处罚

如果运动员存在正常规范和流程之外的行为，该行为正在介入进行中的比赛，都会被列入判罚违例或犯规的范畴。裁判员随着该行为对主观故意的加深，对竞技对抗的介入程度的加深，以及获利的程

度的加深，来决定不同违例和犯规行为最终给予个人处罚和技术判罚的程度。

- 如果该行为影响了比赛的走势、拖延了比赛的进程或重复出现，都会成为裁判员加重处罚的依据。
- 如果该行为持续且明显地增强了己方竞技能力或削弱/干扰了对手都会成为裁判员加重技术判罚的依据。
- 如果该行为明显违反体育精神，具有仇恨/侮辱/歧视/暴力等特征都会成为裁判员加重个人处罚的依据。

主裁判可以根据临场的情况，作出相应判断，升级个人处罚和技术判罚。如果裁判员发现未被记录在册，但违反上述原则的行为，同样可以根据其程度做出违例或犯规判罚，并处以相应的个人处罚和技术判罚。

5.4.1 违例和对应的处罚

违例的描述和对应的处罚如表 5 所示。

5.4.2 犯规和对应的处罚

犯规的描述和对应的处罚如表 6 所示。

表 5 违例和对应个人处罚、技术判罚的示例

类型	描述	个人处罚			技术判罚（如比赛开始）				
		告诫	警告	罚离	消除影响	重赛	罚分	当局判负	当场判负	其他
违例	申诉违例：采用了过激的申诉方式	√	√	√						
违例	程序违例：不遵守或故意逃避规则中明确规定的程序	√	√							
违例	换人违例：未按照更换运动员的程序进行运动员替换	√ 首次或无意	√							
违例	姿态违例：比赛进行中，对战席上的运动员未经许可起立。运动员的庆祝席是被允许的	√ 首次	√							
违例	时间违例：拒绝按照竞赛规则、赛事规定、裁判员告知的时间进行活动，或故意迟到	√ 首次，且几乎对比赛无影响	√							
违例	标记违例：未经裁判员许可，涂写符号、图案或文字	√ 首次，且几乎对比赛无影响	√							

174

续表

类型	描述	处罚							
		个人处罚				技术判罚（如比赛开始）			
		告诫	警告	罚离	消除影响	重赛	罚分	当局判负	当场判负	其他
违例	遮挡违例：故意降低比赛透明度（例如，故意用手或衣服遮住脸，规避裁判员检查）	√ 首次，且几乎对比赛无影响	√ 多次违规，或对比赛造成明显影响							

表 6　犯规和对应个人处罚、技术判罚的示例

类型	描述	处罚							
		个人处罚				技术判罚（如比赛开始）			
		告诫	警告	罚离	消除影响	重赛	罚分	当局判负	当场判负	其他
故意犯规	干扰犯规：指通过非竞技的手段，故意使对方运动员的正常比赛进程受到负面影响		√ 意图明显或影响严重时	√	√ 轻微		√ 正常	√		
故意犯规	设备犯规：故意修改或破坏比赛用机及其禁用的设置，或修改比赛对战席布置、比赛环境等		√	√	√ 轻微			√ 正常	√ 正常	
故意犯规	装备犯规：故意违反装备的使用规则		√	√	√ 轻微		√ 正常	√ 正常		
故意犯规	通信犯规：在比赛期间未经裁判员许可，进行比赛环境以外的信息接收或交换		√	√			√	√		
故意犯规	侵占犯规：未经裁判员许可，故意触碰自己以外的比赛设备和装备（包括对手和队友的）		√	√				√		

176

续表

类型	描述	个人处罚			技术判罚（如比赛开始）					其他
		告诫	警告	罚离	消除影响	重赛	罚分	当局判负	当场判负	
故意犯规	破坏犯规：将任何物品抛向、丢向任何人或地面，或破坏任何比赛场内的物品	√		√					√	如果违例方是无关人员，则应当驱离。
故意犯规	拖延犯规：故意拖延比赛开始或恢复进行		√	√				√		
故意犯规	漏洞犯规：故意利用客户端原本设计之外的缺陷或意外的错误		√	√	√轻微	√	√正常	√正常	√	
违反体育道德犯规	通过窥屏、反光、声音信息、观众串通等形式，获得正常比赛进程中无法获得的信息		√	√		√主动报告，未获利	√被动调查，获利	√被动调查，获利		
违反体育道德犯规	在比赛场地内朝人吐唾沫、咬人等行为			√				√	√	

续表

类型	描述	处罚							
		个人处罚				技术判罚（如比赛开始）			
		告诫	警告	罚离	消除影响	重赛	罚分	当局判负	当场判负	其他
违反体育道德犯规	以任何形式阻止裁判员作出判罚决定，或消极执行、拒不执行	√	√	√		√	√	√	√	
违反体育道德犯规	以非真实的身份，宣称自己是某一名运动员或队伍官员参与比赛进程中			√					√	
违反体育道德犯规	通过肢体行为，对任何人作出具有攻击性的动作，危及他人安全			√					√	
违反体育道德犯规	故意在比赛设备或装备中安装未经赛制组织方授权或裁判员许可的软件和脚本			√					√	

续表

类型	描述	处罚						
		个人处罚				技术判罚（如比赛开始）			其他
		告诫	警告	罚离	消除影响	重赛	罚分	当局判负	当场判负	
违反体育道德犯规	在比赛期间与对方运动员、对方队伍官员或裁判员进行有关比赛结果、利益交换形式的沟通，或作出有关比赛结果的承诺			√					√	
违反体育道德犯规	以任何形式对某一人或某一群体表达歧视的观点	√	√	√			√	√	如果违例方是无关人员，则应当驱离。
违反体育道德犯规	以任何危险形式对公共安全秩序造成威胁，包括人身安全、财产安全、环境安全和公共卫生安全			√					√	

5.5 同时犯规与累计犯规

5.5.1 同时犯规

当场上同时出现多种犯规时，裁判员应当最优先关注其中对比赛进程、人身安全有重大影响的犯规。

在处罚同时发生的多个犯规时，应当注意：

- 如果都是同一方犯下的，应当按照最严重的处罚情形进行处罚。
- 如果是不同的参赛方分别犯下的，应当分别按照双方犯下的最严重的处罚情形进行处罚。
- 如果是群体事件，首要目的应当是维持比赛秩序可控。在此基础上，针对主要的矛盾人员、群体事件的主要参与人员和/或秩序破坏人员进行处罚。

5.5.2 累计犯规

如果 1 名运动员或队伍官员在同一天比赛中，累计 2 次告诫，则被自动被升级为 1 次警告。

- 如果 1 名运动员或队伍官员在同一场比赛中，累计 2 次警告。
- 若第 2 次个人处罚发生在比赛未进行时，该名人员应当立即被罚离出场。
- 若第 2 次个人处罚发生在比赛进行中，则主裁判应当暂停游戏，该名人员应当立即被罚离赛时赛场区（FOP 区域）。

如果 1 名运动员或队伍官员在整个赛会期间，累计 4 次警告或者 2 次罚离出场，则被剥夺本次赛会的参赛资格。

当场上运动员被罚离出场时，后续程序应当按照场上人数不足处理（包括相应的技术判罚）。

6 申诉和仲裁

本节条款参考第一部分电子竞技竞赛规则通则进行。

7 执法指南

7.1 赛后报告

赛后报告由主裁判员领导裁判团队撰写并提交给赛事组织方,是比赛必需的环节。当比赛中发生了以下情况时,裁判员必须将其写入赛后报告中:

- 比赛版本错误。
- 任何人未经许可进入对战席。
- 未遵守替补程序的换人。
- 所有的技术判罚(如重赛、消除影响、当局判负、补偿等)。
- 所有的纪律处罚(如警告、罚离出场等)。
- 修改判罚。
- 裁判员、技术台或其他技术官员失效或信息错误。
- 比赛环境、设备、运动员装备违规或故障。
- 超过 3 分钟的暂停情况。
- 其他影响比赛进程的事件。

7.2 技术官员的工作流程

技术官员的工作流程如表 7 所示。

表 7 技术官员工作流程

技术官员	赛前2天	赛前3小时	赛前2小时	赛前30分钟（检录）	赛前10分钟（调试）	BP阶段	比赛进行	比赛暂停（局中）	比赛暂停（一局结束后/局间）	比赛结束/中止（全场赛后）	赛后2小时
主裁判	①抵达比赛所在城市 ②提前勘察比赛场地	①到达场地 ②组织赛前会议	①检查内部通信 ②组织比赛设备检查 ③组织运动员装备检查	①通知运动员到候场区检录 ②监督检录检查 ③填写《裁判员检查表》	①总管统筹调试 ②创建比赛房间、配置房间设置	①开始比赛 ②监督BP进度 ③（违规时）介入判罚	①监管比赛 ②监管替补席和队伍官员区域 ③（违规时）介入判罚	介入判罚	①通知下一局边 ②决定人员是否可以局间离场 ③下一局比赛创建房间、开始 ④（违规时）介入判罚	①填写《裁判员赛后报告》②组织赛后会议	①提交《裁判员赛后报告》②向赛事组织方签退或筹备下一场比赛
第一副裁判	①抵达比赛所在城市 ②提前勘察比赛场地	①到达场地 ②参加赛前会议	①检查对战席比赛环境、设备 ②检查客户端版本 ③检查白噪音水平	①检录A队队身份 ②组织A队运动员挑选装备 ③检查A队运动员装备、服装、物品	①通知、进入A队比赛房间 ②监督A队调试 ③监听调试时的内部通信	①监管A队BP行为 ②（A队违规时）介入判罚 ③（B队违规时）维护A/B队秩序	①监管A队对战行为 ②（A队违规时）介入判罚 ③（B队违规时）维护A/B队秩序	①通报暂停原因或违规证据 ②维护对战席秩序	①通知A队队伍官员选边 ②监督A队运动员离场 ③A队运动员再进场时执行检查	参加赛后会议	向赛事组织方签退或筹备下一场比赛

182

续表

	赛前2天	赛前3小时	赛前2小时	赛前30分钟（检录）	赛前10分钟（调试）	BP阶段	比赛进行	比赛暂停（局中）	比赛暂停（一局结束后/局间）	比赛结束/中止（全场赛后）	赛后2小时
技术官员			检查技术合台各工种就位								
第二副裁判	①抵达比赛所在城市 ②提前勘察比赛场地	①到达场地 ②参加赛前会议		①检录B队身份 ②组织B队运动员挑选装备 ③检查B队运动员装备、服装、物品	①通知B队调试，进入比赛房间 ②监督B队调试 ③监听B队调试时的内部通信	①监管B队BP行为 ②（B队违规时）个人判罚 ③（A队违规时）维护A/B队秩序	①监管B队对战行为 ②（B队违规时）个人判罚 ③（A队违规时）维护A/B队秩序	①通报暂停原因或违规证据 ②维护对战席秩序	①通知B队队伍官员选边 ②监督B队运动员离场 ③B队运动员再进场时执行检查	参加赛后会议	①向赛事组织方签退或筹备下一场比赛
助理裁判	①抵达比赛所在城市 ②提前勘察比赛场地	①到达场地 ②参加赛前会议	协助检查	协助管理秩序	协助监督调试	①协助主裁判、副裁判 ②（违规时）维护队伍官员区域、替补席等区域秩序 ③监控有无违规言行				参加赛后会议	向赛事组织方签退或筹备下一场比赛

续表

	赛前 2天	赛前 3小时	赛前 2小时	赛前 30分钟（检录）	赛前 10分钟（调试）	BP阶段	比赛进行	比赛暂停（局中）	比赛暂停（一局结束后/局间）	比赛结束/中止（全场赛后）	赛后 2小时
回放技术官员 1-3		到达场地，启动设备；或进行上一场比赛工作	检查回放系统可用性	配置回放设备、多画面设备	①开始录制回放（设备POV）②开始录制回放（Marshell）	①监控回放情况②（违规时）调取回放录像辅助判罚	①监控回放情况②（违规时）调取回放录像辅助判罚	调取回放录像辅助判罚	持续录制回放	保存全场回放	
IT技术员 1-2		到达场地，启动设备；或进行上一场比赛工作	协助对战席比赛环境、设备检查	①配置网络、硬件监控②配置比赛内部通信	①开始录制内部通信②开始记录监控数据③协助调试	①持续监控数据，主动报告异常②（违规或暂停申请时）迅速调取数据辅助判罚	①持续监控数据，主动报告异常②（违规或暂停申请时）迅速调取数据辅助判罚	调取数据辅助判罚	持续监控数据，主动报告异常	保存监控日志	

184

续表

技术官员	赛前2天	赛前3小时	赛前2小时	赛前30分钟（检录）	赛前10分钟（调试）	BP阶段	比赛进行	比赛暂停（局中）	比赛暂停（一局结束后/局间）	比赛结束/中止（全场赛后）	赛后2小时
IT技术员3（QC员）		到达场地，启动设备、设备检查或进行上一场比赛工作	①协助对战席比赛环境、设备检查②协助客户端版本检查	配置服务器监控	①开始记录监控数据②协助调取数据	①持续监控数据，主动报告异常②（违规或暂停申请时）迅速调取数据辅助判罚	持续收监控数据，主动报告异常	①检查客户端、服务器状态和日志②提供辅助判罚意见	持续监控数据，主动报告异常	保存监控日志	
记录员		到达场地或进行上一场比赛工作	①检查运动员名单有效性（即是否有禁赛选手等）②提供最终版《运动员检录表》	填写《比赛记录表》的基础信息	①开启调试倒计时②记录调试时间、调试问题③提醒剩余调试时间	①记录BP顺序和结果②监控BP时间（无论游戏内是否有倒计时）	①记录比赛时间②（暂停申请时）提醒暂停次数	①记录暂停时间、暂停原因②记录已用暂停次数③记录暂停的处理结果	①记录该局比赛结果②记录下一局边选时间③记录下一局边选结果	完成《比赛记录表》	

续表

角色	赛前2天	赛前3小时	赛前2小时	赛前30分钟（检录）	赛前10分钟（调试）	BP阶段	比赛进行	比赛暂停（局中）	比赛暂停（一局结束后/局间）	比赛结束/中止（全场赛后）	赛后2小时
技术台监督		到达场地或进行上一场比赛工作	组织技术台人员，协助检查	统筹技术台工作	①统筹技术台工作 ②告知裁判组技术台的判罚信息	①统筹技术台工作，必要时提醒主裁判疏忽的判罚 ②协助监听，监看比赛信息 ③告知裁判组技术台的判罚相关信息			检查回放、监控日志，《比赛记录表》是否完整	
器材管理员（非技术官员）	收集运动员装备和备用装备，检查装备是否符合规定	到达场地，分类整理运动员候选装备；或进行上一场比赛工作	①提供本场比赛运动员装备和候选装备 ②协助检查比赛设备	协助运动员挑选装备	①按需工作 ②（设备/装备故障时）提供备用					①回收运动员装备 ②还原比赛设备	如果参赛方后续无比赛，退还装备